文系・理系対談

日本のタコ壺社会

相原博昭
奥原正明

日経プレミアシリーズ

まえがき

相原博昭さんと私は、1974年麻布高校卒の同期生です。

相原さんは東京大学理学部を卒業して素粒子物理の研究者、そして私は東京大学法学部を卒業して霞が関の行政官として仕事をしてきました。

ある意味で、理系・文系の典型的な人生を送ってきたと言えるかもしれません。

こういう二人がお互いに領空侵犯をして議論するとどういうことになるか、という興味からやってみたのが、今回の対談です。

対談は、2020年の2月から3月にかけて、第1章から第5章までの5つのテーマで行いました。

どのテーマから入っても他のテーマに関係する話題に展開しており、そういう意味で重複もありますが、それによって、現在の日本の抱える問題点が浮き彫りになってきたという面もあります。

かつて高度経済成長に浮かれ、「ジャパン・アズ・ナンバーワン」と言われて自信に満ちていた日本の姿は大きく変貌し、GDPで中国に抜かれてから久しく、企業の世界ランキングの上位から日本企業の名前は消えました。

米国では、GAFA（グーグル、アップル、フェイスブック、アマゾン）と呼ばれるITのプラットフォーム企業が登場して、国境を超えて活動し、中国でも、中国版GAFAと言われるBATH（バイドゥ、アリババ、テンセント、ファーウェイ）が成長してきていますが、日本では、これをどう規制するかは議論されても、これに対抗する存在は生まれていません。

多くの方が、このままで日本は本当に大丈夫なのかと考えていると思います。

そして、時代の変化を踏まえた改革をしなければと思いながらも、なかなか改革が進められない現実に直面している方も多いと思います。

その根本的な原因がどこにあるのか、それがこの対談を通して流れている基本的な問題意識です。

私たち二人は、全く別の世界で生きてきましたが、対談してみて、この問題に対する答えはほとんど違いがありませんでした。

詳しくは本文をお読みいただきたいと思いますが、相原さんと私は、日本人が自分の属する狭い世界、即ち「タコ壺《ツボ》」にどっぷりつかり、外の世界との関係を考えず、そのタコ壺の内輪のルールや「空気」に従うのが当然だと思っていることに、原因があるのではないかと考えています。

これが、「タコ壺意識」とか「タコ壺主義」というものです。「意識せずに当たり前と思っていること」、これが最も変えることが難しいものでもあります。

個人個人が自立し、自分の頭で考え、タコ壺意識から脱却しようとしない限り、日本の現状は打開できないように思います。

私たちは、これからの日本を担っていく若い方々に、大いに期待しています。

世の中には、文系の仕事も理系の仕事も必要ですから、自分の人生をかけて一番やりたいことは何なのか、よく考えて選べばよいと思います。

どんな道に進むとしても、改革していかなければならないことは山ほどあります。

そして、それを実現するには、タコ壺意識に染まらずに、広い視野から自由に考えることが、何よりも重要だと思います。

本書が、読者の方々に何らかのヒントを与えることができれば、これ以上の喜びはありません。

奥原正明

2020年10月

目次

まえがき　3

第1章　文系・理系の区別はタコ壺社会の出発点……………15

日本人は「文系・理系」の意識が強すぎる
高校の進路指導がすべての元凶？
国の方針に右往左往しすぎている
理系の人には社会性がない？
高度成長までは文系だけでも可能だった
ノーベル賞ラッシュの背景
法学的思考は、走りながらは考えられない？

時代遅れの法律が残った理由
東大法学部の教育と官庁の仕事のギャップ
教養課程をどう多様化するか
この国を支配するタコ壺システム
文系理系意識の根底にある数学
根が深い官庁の文系中心主義
博士が活躍できない日本
面接技術だけ磨いて就活する学生
イノベーションを阻害するタコ壺型社会
「狭いコミュニティで生涯安泰」は終わった
東大生が官庁を敬遠する理由
その仕事・研究を何のためにするのか
研究者にも求められるマネジメント力
プロスポーツ界とアカデミアの共通点
「自分は聞いていないぞ」という殺し文句
コンセンサス重視ではイノベーションは起きない

第2章　理系の問題は何か

科学技術のほとんどの分野で、日本は世界水準
日本の研究開発が直面する二つの分岐点
アメリカの研究者の報酬は日本の3倍
研究業績の差が給料に結びつかない
スタンフォードの教授数は東大の半分で、運営資金は5倍
どんな学生を入れたいか、が大学の個性
大学「教育」よりも大学「入試」が重視される日本社会
研究の世界では英語は必要不可欠
ビッグサイエンスは国際協力で進める時代
「上から目線の大学」では、やっていけない時代
能力の高い人は、素人にも平易に説明できる
「役に立つ」の本質的意味

第3章　文系の問題は何か

10年後、20年後の国力から構想する
日本が苦手な世界のルールづくり
日本人研究者の誇るべき国際ネットワーク
人事のシステムが、最も変えにくい
研究成果と経済成長の関係をどこまで問うか
研究者の評価がタコ壺ごとでよいのか
研究機関で持ち腐れている宝を磨く
金銭的評価が行き過ぎたアメリカ
研究と企業をつなぐ仕組みの欠如
宇宙の誕生と人類の起源——科学の本質は知的欲求
哲学から始まった科学、そして真理の探究
アインシュタインは何を予言したのか
理系よりもひどい文系のタコ壺

国際会議で孤立する日本人
文系中心の人事はなぜ成立したか
法律改正のハードルが高すぎる
専門分野を持たない文系の悲劇
海外を経験しても、タコ壺の慣行に染まるわけ
官庁人事で文系が優位に立つ理由
減点主義を捨て、挑戦に加点する
「考えない若手」が「考える幹部」になるはずがない
「大変なポストは敬遠したい」の真相
巨大研究プロジェクトを実現するには
一律減額はタコ壺を前提とする仕組み
決定権の見えない無責任体制
グローバル化が進む時代の社会科学のあり方

第4章　文系・理系共通に必要な数学力と語学力……159
論理的思考力を鍛える数学
統計学を知らない人がつくるデータ
旧制高校的な教育をするアメリカの大学
数学は覚えるものでなく、考えるもの
入試の数学重視が、東大の性格を決めている
怪しくなるばかりの日本人の国語力
数学で何を表せるのか
相対性理論は100年に1度のもの
非ユークリッド幾何学が示唆するもの
抽象的になるほど接近する物理と数学
数学の恩恵を受けるには時間がかかる

第5章　大学とタコ壺社会

大学の役割は人材育成
社会を細分化し、二重、三重のタコ壺をつくってきた
教育に必要なのは自立の精神
学問の自由は、自ら勝ち取るもの
タコ壺の住人は、外からの声に耳を傾けない
国のコントロールが強く、細かすぎる
中国との競争はスピード勝負
改革とセーフティーネットはセットで考える
東大に合格しても入学しない若者
学際的連携に遅れる日本
タコ壺意識は再生産されていく
国主導のタコ壺主義をいかに破壊するか
大学は批判を恐れず発言すべき
誰が言ったか不明なまま、結論が出る仕組み

「全会一致」では改革はできない
「うまくいってるのに、なぜ変える」が曲者
日本人の基本は「誰からも文句を言われたくない」
自然科学、生命科学に強い日本
自分の頭で自由に考える意味
少しだけタコ壺を出てみる勇気

あとがき 233

第　1　章

文系・理系の区別は
タコ壺社会の出発点

日本人は「文系・理系」の意識が強すぎる

奥原　そもそも文系と理系を区別することに意味があるかということで、まず私の方から問題意識をお話ししたいと思います。

学問にはそれぞれ専門分野というのはあるわけで、世の中が複雑化し学問も進化する中で、一人の人がいろいろある専門分野の全部をマスターするのは不可能と言わざるを得ません。

学問にいろいろな分野があって、その分野が自然科学だとか社会科学だとか人文科学だとか区分されるのは、外国を含めて普通のことだと思います。

しかし、そのことと日本人が持っている「自分は文系だ」とか「自分は理系だ」とかいう意識はかなり違うものなのではないかと思うんですね。これが、私の基本的な問題意識です。日本人は、この「なんとか系意識」というのが強すぎるのではないかということです。

特に、文系の人たちの中には「理系のことは分からなくて当たり前」と思っている人がいっぱいいる、それから「自分は数学ができないのが自慢だ」という文系の人がこれまた大勢います。

そして、その文系の人たちから見ると、「理系の人は社会性を欠いていて専門バカだ」と思っているようなところも相当あるように見えます。

こういう意識が非常に大きな問題なんだと思うんです。

特に私は長い間官庁に勤務していたので、よく分かるのですが、官庁の上の方のポストのほとんどは文系が占めているというのが実態です。そして、官庁がこうだから民間企業もそれにならってきた、というようなところもあるように思います。

最近は理系学部出身の社長がかなり出てきていますけれども、多くの社長はまだ文系学部出身でしょう。

こういう風潮が非常に大きな問題で、世の中を発展させるために、いろいろな専門分野の人がその能力を持ちよって総合的に対応していかなければいけないのに、それを阻害しているのではないか、というのが私の基本的な問題意識なんです。

相原　大学のある学部が文系なのか理系なのかということも簡単には言えなくなっています。例えば、経済学部は、歴史的には、文系に分類されていたのでしょう。でも現在は、数学を相当使うようになっており、一概に文系とか理系とかは言えません。

米国の大学教員には、自分の属する学部が文系か理系かという意識はほとんどないと思います。

高校の進路指導がすべての元凶？

奥原　そもそも文系、理系に対応する英語はあるのでしょうか。

相原　確かに思い当たりませんね。

米国の大学では、自分の大学の学部にどういう学生に入学してもらいたいかは、それぞれの学部がそれぞれ独自の基準を設けて選びますし、受験生の方も自分は文系だ、理系だという意識はないと思います。

大学の最初の入り口のところで、文系理系とかいう分け方をしていません。学部で歴史を勉強したい人は、4年間歴史を勉強する。その後、大学院では全然違うことを選ぶ。あるいは、医学部やロースクールに進学するという学生もたくさんいると思いますよ。

では、なぜ日本では文系理系の区別をするようになったかですが、日本の入学試験のあり方で便宜上導入された分類が、そのままずっと続いているのではないでしょうか。一斉に試験をやって、学生を振り分けるというような形が定着してしまった。しかも、その振り分け試験では数学に大きなウエイトがあった。

要するに、大学の入学試験をやりやすくするために導入された区別じゃないかと思います。

入試も問題ではありますが、本当の問題は、文系は官庁に行くとか、理系はメーカーに行くとかいう「枠にはめる」ことが定着してしまったことにあるのではないでしょうか。

東京大学法学部が霞が関の官庁に大量に人材を送っていた時代が長く続き、しかも、法学部は、大学入試の時の文科Ⅰ類の学生から採るというルールでやってきました。最近では、理科Ⅰ類などからも進学できるようになりましたが、こういうルールも文系理系意識の定着に一役買っていたのだと思います。

奥原　隠岐さや香さんが書かれた『文系と理系はなぜ分かれたのか』（星海社新書）という本があるんです。この中で、日本で文系と理系が分かれた理由の一つは、明治のはじめに、官僚の技官と文官の役割を明確に区別して、人事の優劣がそこでかなりついたことにあるとされています。ですから非常に根の深い問題で、これが、現在の官庁のシステムにまでつながってきています。

そして、１８８０年代ぐらいから、高等文官試験、いわゆる「高文」と言われる試験で役人を採用するということになり、文官優位は決定的になります。

その後、文部省が１９１０年代に第二次高等学校令というものを出して、高等学校を文科と理科に分けるということになるんです。この高校は旧制高校ですから、今で言えば大学ですよね。この辺から、文系と理系の区分という流れが始まっています。

そして、今の人たちが文系だ理系だという意識を持っている一番大きなポイントはどこにあるかというと、やはり高校の進路指導でしょうね。高校は、大学受験との関係で、理系と文系を分けていますが、そもそも大学入試がどうなっているかということが大きな関係があると思います。

国立大学は、文系でも理系でも試験科目自体は共通で、配点の濃淡ということかもしれませんけれど、私立大学だと、文系の入試科目に数学はないというところが多いですよね。最近、早稲田大学が政治経済学部でも数学を必須試験科目にしたようですが、これは非常に良いことだと思います。

いずれにしても、こういうことが、人々の意識の中に、自分は文系だとか理系だとかということを強くインプットしているんだろうと思います。

官庁の人事を見ていても、文系の方が有利じゃないかと思わせるところが相当あって、そういうところにこの問題の根っこがあるという気がしますね。

国の方針に右往左往しすぎている

相原　日本は、国のシステムに影響されすぎという気もしますね。官庁の人事システムがどうなっているかということと、大学がどういうふうに学部を作りどういう学生を採用するかということは、本来関係ない話のはずです。なのに、文部省が文系理系を分けろと言ったら、高校も大学もそれに対応することをしたわけですね。

これがアメリカなら、国が言ったって従わないですよ。私立学校なら、自分の理念で建てたんだから、監督官庁が何か言ったって、それは知らないよということになります。

本当は、それぞれが自分のやり方でやればいいんだけど、日本の場合は国がどう言ったかが物凄く大きな意味を持ってくるんですよね。官僚の世界での分類とかが、いろいろなところに伝播するんです。

奥原 そうそう、日本はそういうところが物凄くありますよね。

相原 なぜ役所リードじゃないといけないのか、よく考えなければいけませんね。科学技術の分野でも、日本では、国の方針がどうなるかで、研究者たちが右往左往することがしばしば起こります。

これが実は日米の大きな違いで、アメリカの多くの若い人たちは、国の方針と関係なく勝手に好きなことを始めるので、イノベーションが起こっていると思うのです。

国が「イノベーションを起こせ」と言っても、イノベーションは起こらないんですよ。これはイノベーションの本質だと思います。官庁がこうすると言った時に末端までそのとおりになるシステムは、良い面もあるでしょうが、日本は官庁に影響されすぎで、その悪い面がいろいろありますね。

奥原 民間の活力をどんどん引き出して、世の中を発展させることが大切で、そういう観点から言うと、国が細部まで決めるのは良いことではなく、もっと民間が自由にできるやり方を工夫する必要があるのではないかと思います。

文系の人中心にいろいろなシステムを細かいところまで決めていけば、結局、自然科学の発展という観点からすると、すごくやりにくいことになるんです。

その人たちがどこまで自然科学のことを分かっているかということもあるわけで、十分分からないで、これは役に立つ、これは役に立たないということを勝手に決められても困るんですね。

理系の人には社会性がない？

相原　文系、理系という区別は、もともとは単に便宜的に分類しただけ、あるいは歴史的に分類してきただけなのかもしれないのに、いつの間にか、自分をその枠にはめるようになる、これが問題です。

文系の学生は科学的なことは分からなくて当たり前、理系だから文学はやらなくてよい、小説も読まない、こういうことが現実に起きています。

学問に専門分野はあって当然ですが、自分の専門でない分野も、ある程度は関心を持たないと困る。あまりにも早いうちに、自分の枠を勝手に設定してしまうために、他の分野があることすら気づかないという状態になってしまうと、発展性が何もなくなります。

学生時代はともかく、年齢が上がってくるにしたがって、物理はやったけれど、物理だけではどうにも前に進めない、ということに気付くわけですよ。気が付いた時には、手遅れかもしれない。

文系、理系に象徴される、自分を枠にはめる帰属意識みたいなものが変に働いて、タコ壺に入ってしまう感じでしょうか。これだと、視野が狭くなって、他の分野との連携ができない。文系意識、理系意識のメリットなんて、ほとんど感じられないですよね。

世の中のグローバル化が進んで、デメリットはますます明らかになってきた気がします。フランスの官僚でもドイツの官僚でもアメリカの官僚でも、それぞれの専門分野は当然あるけれども、事務次官は文系の人しかなれないなんてところはないでしょう。

一方、我が国の多くの省庁では、文系しか事務次官にはならないわけですよ。枠をはめた結果、実は適材がいても、枠の外にいるために使えないということになるんだと思うんです。

奥原　霞が関には、そういう傾向は相当あって、例えば農林水産省なんて、採用の人数で言えば、文系は2割ぐらいで8割は理系なんですよ。

ところが局長クラスのほとんどを文系が占めるという状態、場合によっては、局長クラス全員が文系などということもありました。これでは、理系の人たちの意識が高まらないし、能力も発揮できなくなってしまいます。

文系の行政官も政治家も、「理系は社会性がない」とか言ったりしますが、本当にそうなのかといえば、そんなことはないし、逆に、文系は社会性があるかといえば、社会性のないことが明らかな文系の事件も続発しています。

高度成長までは文系だけでも可能だった

相原　米国では、まず、やってもらうべき仕事があり、それを遂行できる能力を持った人を選ぶ。そのためなら、どんな学部卒であろうとかまわない。官僚として優秀な人は文系で入ってきた人のはず、などという考え方とは全然違います。

やはり、日本ではいろいろなところで枠がはまっている気がしますよね。

奥原　それで問題なく事が進んだ時代があったわけですけれど、今はそういう時代ではなくなっているわけですよ。これまでの仕組みが機能したのは高度経済成長までなんだと思います。

明治期に海外の進んだ制度を取り入れて欧米に追い付こうとした、敗戦後も欧米の最先端の制度を導入しようとした、こういう時には、法制度を作って外国のものを導入しようというのはわかるんです。

だから、高度経済成長までは、法制度がどんどん作られたし、増加する税収を配分する予算規模もどんどん拡大したんです。

外国の真似をすることはそれほど難しいことではないですが、今の日本の課題は、経済が高度成長しなくなっている、そして世界との競争が激しくなっているという環境の中で、日本がここで勝ち抜いていくためにどうするかということなんです。

それには、従来どこにもない、新しいものを作っていかなければいけないわけで、これは文系だけの頭ではできないんですよ。

硬直的な法制度、前例踏襲では発展しなくなってしまうわけで、そういう意味で、霞が関は機能が十分発揮できなくなっている状況です。こうした問題は、相当前から発生しているんです。

高度経済成長が終わったのは昭和40年代の半ばぐらいなんで、その頃から、日本のシステムがだんだん時代に合わなくなってきているということだと思います。

ノーベル賞ラッシュの背景

相原　そうですよね。だから、失われた30年とか言われているんですよね。失われたのには、根本的な原因があるんです。

今、日本は毎年のようにノーベル賞をもらっていますけれど、その研究の多くは、高度成長期になされたものです。当時は、財源にも余裕があって、科学にも相当な資金が投入されていたわけです。今もらっているノーベル賞は、追いつき追い越せ時代の研究成果が、30年後に評価されてもらっているということです。

では、今から30年後は一体どうなるんだということですよね。

追い付き追い越せの時代は、どこに行けばいいかは分かっています。しかし、一旦トップレベルに並んでしまうと、そこからどこに向かうのかを自分で決めなければならなくなるわけです。それは結構大変なことで、自分の専門分野より広い視野に立つことも必要だし、自らの哲学も必要になります。

何を目指して、新しい研究をどう進めるのかを、自分の科学的センス、哲学、信念といったものを信じて、自分で判断するしかありません。

研究者としては、ここが最も肝心なところで、この時に、自分で自分に枠をはめてしまっていたら、本当にオリジナルな判断ができません。

法学的思考は、走りながらは考えられない？

奥原　やっぱり一番大事なのは、それぞれの人が自分の頭で考えるということです。問題はどこにあって、その問題を解決するためにどうしたらよいかということを、それぞれが考えていくようにならなければいけないと思いますが、今の日本ではなかなかそうはならないんですよね。

特に文系の典型である法学部の場合は、法治国家だから当然という面もありますが、法律は一旦できたら「悪法も、法律は法律」ということになるわけで、発想が非常に硬直的になりがちなんです。

「時代に合わせて法制度を変えていくのだ」という意思を相当強く持たないと、法制度が時代に合わないものになっていくんです。

最近やっと自動車の自動運転のための法改正だとか、新しい話が少しずつ進み始めてはいますが、文系だけで考えていたら、新しいことは何も進まなくなります。

相原　法学部の先生は一貫した論理を組み立てることが非常に上手です。だから、論争になると、私なんか必ず負けますね。法学部の先生は、首尾一貫した緻密な論理構成が得意で、ほころびを許さないようなところがあるんですよ。

私なんかは、「目的のためには手段を選ばず」とは言わないまでも、「走りながら考える」みたいなところがあって、問い詰められれば、いろいろな不備が出てきます。最初はとりあえずスタートしてそれで修正していけばいいじゃないか、という考え方なんですが、法律家の場合はこういうことを許容しないのではないか、という印象を受けます。

完成したものが想定できないと、そもそもやってはいけないという意識が、法学部出身者にはかなり強烈にあると思いますね。

時代遅れの法律が残った理由

奥原　でも、それでは時代についていけなくなるんですよね。時代が変われば、政策の目的から変えざるを得ないことが、当然あります。目的は変わっても旧来の法律を維持すると、弊害がいっぱい出てくるわけです。

例えば、戦争中に作られた食糧管理法という法律が、平成になるまでありました。この法律は、米が足りない、だからこれを国が全量管理する、というものです。農家には米を増産してもらい、これを農協ルートで国が買い上げて、配給という方式で公平に国民に配るという制度です。

戦争中、そして終戦直後は、米が不足していましたから、これはこれで良かったんですよ。しかし、どんどん米を増産していった結果、昭和40年代半ばになると米が余るようになります。

法律の前提となる状況が大きく変わり、政策目的も変わってきているはずなのに、この法律は平成まで維持されたんですよ。

農家や農協は、国が買ってくれるからといって増産を続け、その結果、過剰在庫が大量に国にたまることになり、3兆円もの国費を投入して、過剰在庫を食べられない工業用の原料などに処理しました。

こうなっても、なお、食糧管理法は存続し、平成になってやっと廃止されました。遅すぎです。これなんか、時代に合わなくなった典型例ですが、こういう例はたくさんあります。時代が変わったら目的が変わることは当然あるし、目的は変わらなくても新しい技術ができてくれば、別のもっと合理的な方法で目的を達成できるようになることもあります。こういう状況になったら、法律を弾力的に変えていかなければいけないんですよ。

法律の中でも、状況の変化に応じて多少の変更はできるように、細部を政令に委任することによって、法改正をしなくても内閣で決定できる政令改正で対応できるようにしていることもあります。

しかし、これには限界がありますから、大きな状況変化があれば、抜本的な法改正をしていかなければいけません。

相原　食の安全保障を考えれば、国がすべて管理していれば、安全じゃないですか。

奥原　戦争中はそういう発想ですよね。その時の食料の需給環境から見たら、当時食糧管理法を作ったのはおかしいとは言えないと思いますよ。ものが足りないんだから、その時は公平に分けるのが、最大のポイントになります。

しかし、ものが余ってきたら、公平に分ける必要はなくなるし、市場に持って行ってセリにかければ当然値段が下がることになる。だから、消費者・実需者のニーズに応じた形で生産し供給するためにどうするかということを考えるしかないわけですよ。

農業政策の大きな分かれ目は、昭和40年代後半に食料の需給環境が変わったところにあり、これにきちんと対応しないまま、平成になるまで引きずってきたことが問題なんです。

相原　なるほどね。そういう考え方は、文系、理系とは関係なく、基本的な法則に従って考えるということですよね。

東大法学部の教育と官庁の仕事のギャップ

奥原　放っておくと、法学部とか文系の人たちは「その制度があるんだから」ということで現状を維持することになるわけですよ。だから、変えるには相当なエネルギーが必要になるんです。

相原　そこが問題ですよね。我々も常に自問自答するんです。変えることによる弊害も出るかもしれない。いろいろなことを指摘された時に、絶対に弊害が出ないということをはっきりさせてからやるべきかどうか。

これまでの制度でメリットを受けている人たちからすれば、本当に新しい制度が必要なのか、変えて１００％大丈夫なのかという確信は持てない。だから、改革は大変です。

それは理系の仕組みでも、文系の仕組みでも同じことです。それぞれの人が、本当に将来にとって何が必要なのかを考えて、一から議論できる体制をあらかじめ作っておかないといけないんですね。

この共通認識は、文系理系問わず必要なことでしょうね。このような議論のトレーニングを大学でもあまりやってこなかったのかもしれないな。

奥原　法学部は法律に関することを教えている学部ですけれども、官庁に入って法律を作る時に必要になる技術はほとんど教えてもらっていない。要するに、世の中がこうなっているからこういう法制度を作ろうとか、この法制度をこう改正しようとか、その時に条文はどういうふうに書けば分かりやすいかとか、こういうことは教えてもらっていないんです。全部役所に入ってから自分で勉強していることなんです。

教育の中心は、法律の解釈で、この法律はこういう考え方でできているのだからこういうふうに解釈すべきだとかいうことで、それも、通説と多数説・反対説があったりするんですね。

相原　理学部や工学部だと、既存の知識を得るだけではもう前の人がやったことなので論文にもならないわけですよ。だからまず、すべてを疑えということを教わっています。教科書に書いてあることも、本当に正しいかどうか自分でよく考えてください、正しいという保証はありませんよ、と言われます。

東大の物理でも、単に基礎知識を得るだけでなく、そこから先、自分で考えていく方法を学んで卒業していってもらいたいという感じです。文系だって、そういう教育がちゃんとあると思っていたんですが。

奥原　いやー、ないな。ないと思いますね。法学部にはそこは決定的に欠けていると思いますよ。

今、法律の数がものすごく多いわけですね。私が大学で勉強した時には、有斐閣の六法全書は一冊だったのが、今は二分冊になっていて、法律の数はものすごく増えています。特に行政法規的なものが増えています。

大学で学んだのは、基本的には憲法、刑法、民法、訴訟法とかの基礎的なものだけなんですけれど、大事なのは行政法規的なものをめぐる考え方なんだと思います。

時代の変化に応じてこういう目的でこういう規制をしようとか、こういうことを促進しようとか、法律を作る時にどういう考え方でどういう手順で作っていったらいいかとか、こういう教育をもっとやる必要があると思っています。

こういうことを事例として研究しようと思えば、自然科学の分野の人も入れないと議論できないところがあるわけですよ。世の中の実態がこう変わってきているからこの法律をこう直そうとか、実態との関係で条文をどう作るか、という訓練が行われていないんです。

相原　法科大学院は、そういうトレーニングをする場所じゃないんですか。

奥原　法科大学院は、法曹を養成するところですから、そういうことにはなっていないですよ。

東大法学部から官庁に大量に入っていた時代がありますが、東大法学部が、官僚になった人の仕事のやり方、つまり立法技術などを教えていたわけではないし、多分法学部の先生も自分たちは官僚を養成してきたとすら思っていないと思います。

相原　それは逆に言うと、頭脳さえ良ければ、そこから先は自分で考えなさい、ということなのでは。

奥原　自分で考えるための基礎になる教育ができているかどうか、というのが問題で、法解釈中心でよいかといえばそれは違うんだと思いますよ。

解釈に幅があるということは、条文の出来が悪いということです。条文は普通の人が普通に読んで意味が分かることが大事で、そうでない解釈が必要なら、その条文は時代に合わなくなっているわけで、直さなければいけないんです。

相原　なるほどね。その辺は物理の世界と同じですね。

教養課程をどう多様化するか

相原　文系理系の話に戻りますが、文系理系という枠にはめた教育サイドの問題もありますが、学生自身もあまり混じり合わないわけですよ。入学したときから文系、理系に分かれてしまってね。

高校の同期では理系も文系もいろいろいて、そこでいろいろな情報交換もできるけれど、大学に入った途端に、教養課程で文科Ⅰ類・Ⅱ類のクラスの人は法学部と経済学部への進学者だけとかいうことになると、文系と理系との交流はなくなりますね、これも大きな問題だと思いますよ。アメリカなどの大学に比べて、早く分けすぎなんですよ。

奥原　高校の同期との付き合いは重要ですよね。我々、麻布高校の仲間は、年中酒を飲みながら馬鹿話をしていますが、違う世界の話、それも本音の部分を理解する大きなきっかけにもなっていますよね。まあ、何のメリットもなくても、楽しいから、飲むんですけどね。

いまや、教養課程を持っている大学も多くないわけで、東大はせっかく教養課程を持っているのだから、もっとうまく活用すればよいのではないですか。

相原　教養課程で文系理系を合流させようとすると、その改革の大きさは相当なものになりますよ。クラス編成一つとっても、これまでのシステムががっちりできているので、変えるのはたいへんです。

どういうふうにクラスを作るかについても決まった方法があります。例えば、東大では女子学生の数がまだ少ないんですが、あるクラスに女子学生が一人や二人だと可哀想だからといって、集中して一つのクラスに入れるのも、今はダメなんですね。

奥原　我々が学生の頃はいくつかのクラスに集中させていましたよね。私のクラスには一人もいませんでしたよ。

クラス編成を変えると何が困るんですか。教養課程から学部に進学する時の点数の評価とかが難しくなるんですかね。でも、クラスは文系理系共通にしておいても、学生ごとに点数を整理することくらい簡単にできますよね。

相原　全くそのとおりで、そういうことをやっている大学はたくさんあります。アメリカやイギリスの大学では、クラス編成と学生がどの科目を選ぶかは別物です。結局、その大学で何を学ぶかは、学生が選べばいいわけですよ。

それこそ文系であろうと理系であろうと、哲学であろうと文学であろうと、数学であろうと物理であろうと、好きなものを勉強してそれで単位が取れれば卒業できる、そういうシステムになっています。

そのうえで、法律家になるとか医者になるとかであれば、学部卒業後に専門学校があるので、そこでさらに勉強するということになります。だから、大学では歴史を勉強して、それから医者になるとかいうことも、普通です。アメリカには、ダイバーシティ、つまり多様性があるんです。日本には、それが決定的に欠けているということが、明らかになってきたと思います。

この国を支配するタコ壺システム

奥原　日本のすべてのレベルで多様性が欠如しています。理系文系の意識の問題から始まって、あらゆるところで、人をタコ壺に入れる方向の圧力が働いているという感じがしますよね。

多様性のあるシステムに慣れてしまえばその方がやりやすいかもしれないのに、なかなかそうはならない。ここをどうするかは国民的な課題ですよね。

相原　さらに30年前と違うのは、外国の様子がすぐに分かる時代になったということです。インターネットで調べようと思ったら、政治のシステムだって、官僚のシステムだって、すぐ分かる。比べてみると、他の国はもっと柔軟にやっていることが分かる。

やりたい人がやって、ちゃんとできれば評価されて報酬がもらえるという、単純なシステムが機能しています。だから、仕事の流動性も非常に高くて、自分にとって、より良い仕事があればどんどん移っていってしまいます。

日本の場合は、小さいタコ壺をいっぱい作って、そのタコ壺の中でしか評価されない仕組みなので、タコ壺の外に出ると評価されない、少なくとも評価が下がる。だから流動性は高くならないんです。

奥原　小さいタコ壺の中で生きているから、その中の空気に左右されることになり、その空気が読めないと「ＫＹ」と言われて排除されるようなことになる。これでは新しいことにチャレンジすることは難しくなります。トップが相当なイニシアティブでタコ壺からの脱却を進めない限り、何も変わらないことになります。

いまや、世界企業のランキング上位に日本企業はほとんど入らなくなっています。一方で、国内のランキング上位企業はほとんど変わらず、しかも上位の企業も不祥事などで地盤沈下を起こしています。

こうしたことの根っこにあるのは、多様性を欠き、組織の旧来の秩序を守ることのみに執着するタコ壺意識からきているような気がします。

もっと、広い視野で、日本全体の発展につながる可能性があることに果敢に挑戦していく、そして、そうした取り組みをする人たちを妨げたりしないことが、必要だと思います。

文系理系意識の根底にある数学

相原　その第一歩として、文系理系という意識をなくしていくことが大事ですね。

文系理系の意識の根底には数学ができるかどうかということもあると思いますが、文系でも理系でも数学の能力がないと生きていけないと思いますよ。それは微分積分の計算ができるという話とは別のことで、要するに論理的思考力なんですね。

奥原　そのとおりですね。数学が苦手という人は世の中にたくさんいますが、本当は、苦手にしちゃったのは、基本的な思考力、要するに自分の頭で論理的に考えることなんですよね。それがきちんとできていないところに、日本の本質的な問題があるんですよ。
　数学教育の仕方が、公式を覚えるとか、公式にあてはめて計算するとかに偏り、これが数学だと思っている人がたくさんいますが、それは数学の本質ではないんですね。
相原　一番良い数学の問題は、素直に考えていくと解ける問題ですけどね。
奥原　与えられた条件を整理して、そこから解決の切り口を考えて、論理的に答えを導き出す、これが数学の本質的な部分じゃないですか。このことが共通認識になっていないことが問題で、教育の現場でも多分そうなっていないから、数学嫌いな人が増えてしまい「自分は文系だ」になるんですよ。
相原　データの扱いに関する、非常に基礎的なことも分からなかったりする。平均を取るとか、平均からのズレがどうかとか、それすら分からない官僚がいたりするようで、統計学から見たらおかしなところが山ほどあるような気がしますね。サンプルをどうやって集めるかも重要で、間違ったやり方をすれば、どんな答えでも引き出せてしまうわけですよ。
　理系だったら統計学というものがあるという共通認識を持っていると思いますが、文系だとほとんど訓練されていなくて、そういう人が役所の中で統計の仕事をやっていると、本当に心配ですね。その統計が政策を決めるときのベースになると思うと、本当に困ります。

奥原 しかも、統計データの取り方だって、時代が変われば、問題意識をもって工夫していかなければいけないんです。

従来の取り方では、今抱えている問題が全然浮き彫りにならないということもあります。消費動向なら、対象品目だって時代によって大きく変えていかなければならないですよね。家庭消費より外食・中食が増えてくれば、調査の仕方は変えなければいけない。

世論調査のやり方も、携帯電話しか持たない人が増えてくれば、固定電話だけでなく、携帯電話の番号を抽出して調査しなければいけなくなります。だから、今の状況の中でどうするのが一番良いのか、もっと良くする方法はないのか、を常に考えていかなければいけないんですね。

根が深い官庁の文系中心主義

奥原 官庁にいたころ、惰性で去年までと全く同じように調査して報告に来る人もかなりいましたが、こういう人は、こちらが本当に必要としている情報やデータを求めても、何も出てきません。これでは時間の無駄だし、税金の無駄遣いと言われても仕方がないと思いますよ。

相原　霞が関も、もっと理系の人をうまく使って、理系が活躍するようにすれば変わるのではないですか。

奥原　そのとおりだと思いますが、官庁の文系中心主義は根が深いんですね。

私は、自分が人事を担当していた時は、できるだけ理系の人に幹部ポストに就いてもらうようにしていましたが、私が人事担当でなくなれば、すぐ元に戻ってしまうし、理系の人自身も幹部になることを望んでいるように見えないところもあるんです。

登用されることを迷惑に思っているように見えることもあって、文系に従属するようなことを当たり前と思っているところがあるんです。

こういう意識では、理系の人が能力を高めてその能力を発揮していくことは難しくなります。長い歴史がこういう状況を作ってしまったわけで、変えていくのは簡単ではありませんが、改革していかなければいけません。

相原　よその国ではこういうことはないと思う。本当に不思議ですよね。

奥原　中国なんか理系の共産党幹部がたくさんいるわけじゃないですか。

相原　アメリカもそうですよ。本当に根が深い問題ですね。ここをどれだけ変えられるかで、日本の将来は変わってくるという気がしますね。

奥原　そのとおりですね。

博士が活躍できない日本

奥原　ところで、理系の人たちの思考プロセスとして、新しいものにチャレンジするという意識はかなりあると見ていいんですか。

相原　全員にあるかどうかは分かりませんが、そうじゃないと科学で成果をあげることはできないでしょうね。新しいものでないと成果とは呼べませんから。大学でも「今あるものはすべて疑え」と教えています。新しいことにチャレンジしない人、そういう気持ちがない人は、研究者に向いていないと思います。

奥原　理系で大学に入った時点ではどういう気持ちですかね。

相原　もちろん人によります。知識やスキルを身につけて会社に就職したい人や、数は少ないですが、大学院に進学して研究をしたいという人もいます。プロの研究者になるには、博士になることが必要です。

これまで、日本の企業や役所は博士になった人をあまり積極的に採用してこなかったと思います。大学院に進んで博士にまでなった人は、大学でのタコ壺にはまっていて、柔軟性がない。社会に出ても役に立たないのではないかと考えている企業や役所が多かったのですね。

外国では、企業にしろ官庁にしろ、いろいろな職種で博士号を持った人が活躍しています。博士号を取った人は、研究者以外の職には就かないという訳ではありません。日本と外国にはその点でもギャップがあります。

特に、国際機関では博士号を持った人だらけです。物理で博士号をとった人が、物理とは全く関係のない安全保障関係の仕事をしていたりします。博士号を持っていることが、高度な思考のトレーニングを受けたという証明になっているからだと思います。

新しいことにチャレンジする気持ちが強い人は研究者として成功しますが、そういう意識のある人は会社に行っても成功するのだろうと思いますよ。

もちろん、文系だって、例えば、文学部や法学部の先生が論文を書くときには、何か新しいことを書くわけではないですか。霞が関の官庁に行く人も、何か新しいことをやりたいとか、世の中を良くしたいという気持ちがあるのではないですか。

面接技術だけ磨いて就活する学生

奥原　そうあるべきだと思いますが、私の経験では、新しい政策を考えることに意欲を持っている人がどれだけいるかは疑問ですね。もちろんいますけれど、たくさんいるという状況ではないと思います。

人事担当をしていれば、意欲のある人を採用したいと思うのですが、なかなかうまくいきません。

採用面接をやれば、採用されたら何をやりたいかを質問することになりますが、自分はこの世界でこんな仕組みを作りたいとか、今の仕組みはここが問題だからこう直したいとか、こういう意識のある人は多くないです。

公務員試験の予備校みたいなところが発達して面接の技術だけを学んでいる人もいて、こういう人は、みな同じように、当たり障りのないことを答えるんですよ。こういう人と話していても全く面白くないし、一緒に働きたいとも思いません。

一般論で言うと、自分の頭で考えて意見を言える人は、女性の方が圧倒的に多いのも現実です。だから、女性だけを採用したくなったりもします。

そして前向きな意欲のある人も、組織の中で長いこと働いていると、そして幹部になればなるほど、前向きな意欲を失っていく傾向もあります。

タコ壺にどっぷりつかり、そのタコ壺の論理・利害だけにとらわれると、そういうことになるんですね。だから、文系理系意識から始まるタコ壺主義から抜け出すことが大事なんですよね。

イノベーションを阻害するタコ壺型社会

相原　人を文系理系とか区別するようなことが、いろいろなレベルで起こっている。日本人はそれが得意なのかもしれない。でも、それが日本に閉塞感が漂う大きな原因ですね。

このシステムは結構限界に来ていて、その問題も明らかだということを、多くの人が認識はしている。しかし、まだ変えられないということなのではないでしょうか。

奥原　日本の経済・社会は一応いいところまで来たんだから、その先をどうするかを、もっと視野を広げて、真剣に考えればよいわけですよ。

例えば、社会保障をこれからどうするかというのも、大きなチャレンジなわけですよ。こういうときには、従来の仕組みにとらわれず、新しい発想で考えていかないと、問題は解決しないと思いますね。

相原　いや本当にそうです。タコ壺に浸っている暇はないわけです。日本の科学技術研究も、まさに岐路に立っていると感じます。

アメリカに追いつけ追い越せの時代は、タコ壺型の研究が良かったのかもしれません。目標が明確だから、それに向けてできるだけ速くあるいは、効率よくやるために、細かい専門ごとに最適化すればよかったんです。

しかし、この先、手本のない新しいことを生み出していく、つまり、イノベーションを起こすには、これまでの枠からはみ出ないといけない。イノベーションは、今まで通りのやり方からは出てこないのです。アメリカでイノベーションを起こしている多くの若い人たちは、大学をちゃんと卒業していなかったりするわけですから。

奥原　アメリカは、エジソンとか、ああいう時代から、通常のルートじゃないところから、勝手に画期的なことをやる人が出てくるんですよね。むしろ通常のルートでないから、新しい発想が出てくると言えるかもしれませんね。だからこそ、タコ壺に入ってしまうと、どうしようもないことになるんです。

相原　日本の大学も、既存の枠からはみ出すのが、あまり得意じゃない。勝手にやる人を素直に受け入れられないんです。そのまま受け入れなくて、小さなタコ壺に閉じ込めようとする。細分化したタコ壺ごとにつまらないルールができてくるんですね。

奥原　このルールをちょっと外れると、その人を叩いたり、人事上飛ばしたりする、要するに「出る杭を打つ」ようなことが、いろいろな分野で起きています。

民間でもそういうことがあって、独占禁止法上の「不公正な取引方法」に該当するようなことがたくさんありますよ。証拠が十分揃わなかったり、公正取引委員会の人的体制から、摘発できないことが多いけれど、日本全体に蔓延していると思いますよ。それが、新しい芽が出てこない、大きなイノベーションが起こらない、日本のベストテン企業が入れ替わらない、理由なんじゃないかと思います。

結局、社会の発展を妨げている大きな要素であるタコ壺意識をできるだけなくして、個人も法人もそれぞれが自由に考えて行動できるような環境をもっともっと作らないといけない。これは、企業でも研究でも行政でも全部共通ですね。

相原　そう思いますね。

「狭いコミュニティで生涯安泰」は終わった

奥原　会社や役所といった組織の中に入れば、さらに狭い世界になっていったりするわけですよ。役所は、理系の人も文系以上に採用していますが、採用試験の時の職種区分がたくさんあって、これが人事面で独自の世界を作っていくと、本当に硬直的な世界になります。その世界のルールにどっぷりつかっているのが一番安泰だと思うようになると、何もチャレンジしないし、なかなか外の世界に出ていこうとしなくなります。

相原　正直なことを言えば、私も昔はそういうシステムが羨ましいと思ったこともあります。しかし、タコ壺の中で一生面倒を見てもらえるような時代は、もう終わってしまったのではないでしょうか。

社会も、タコ壺のままはおかしいだろうと気付いていると思うんですよ。そうだとすると、親が、自分たちの子供の将来のことを考えたときに、自分たちが生きてきた時代と同じモデルでは子供は幸せになれないのではないかと考えるのではないでしょうか。

子供たちが幸せになるための育て方も大幅に変わってくるはずです。今子供を抱えている家庭の人は、自分の子供たちのことをどうしたいと思っているのでしょうね。

東大生が官庁を敬遠する理由

奥原　少なくとも霞が関に行かせたいと思う人は、だいぶ減っていると思いますよ。東大生の中で官庁に行こうという人も、圧倒的に減っていますからね。

官庁の仕事に魅力を感じない人が増えているわけで、それは民間や外資系との給与を含めた労働条件の問題もあるけれど、官庁自身の仕事の仕方や組織運営の仕方にも原因があると思います。ここは真剣に考えなければいけません。

自分の能力を活かせる、本当にやりたい政策が実現できると思ったら、そういう意味で優秀な人は官庁を選ぶと思いますよ。でも、タコ壺組織で、新しいものに消極的で、旧態依然たる前例踏襲が基本だと思ったら、来ないか、来てもそれが分かったとたんにやめてしまいますよ。

相原　そういうところであれば、優秀な人ほど行かないでしょうね。自分の能力が無駄ですもんね。それだったらスタートアップ・ベンチャーに行きますよ。失敗しても構わないし、いずれにしても自己責任なんだから、やりたいことができますね。

ほとんどのスタートアップは、実は失敗するかもしれないけれども、またやり直せばいいんです。若い人の中にはチャレンジ精神を持った人が結構出てきていて、非常に頼もしいなと思って見ています。もっと出てきてほしいですね。

一方で、政治家と一緒に働いて国の方向を決めていく官僚機構もしっかりしてもらわないといけないと思いますよ。そこがガタガタになると国全体がうまくいかなくなるでしょう。つまらない規制や制度を廃止してもらわないと困ります。

日本社会では、国による主導が大きな役割を果たしてきたと思います。自然科学研究の分野でも国の役割は非常に大きいし、産業界においても経済産業省の役割は大きいですよね。

奥原　国の主導でやりすぎなんです。民間に任せてよい細かいことまで行政が口を出すんです。

終戦直後ならともかく、民間企業も発展し、技術も進歩しているのに、昔と同じような規制を続けていたりします。意味がない規制だけれど、法律は法律だから、企業が法律違反を起こすと大問題になって、マスコミから叩かれたりするんです。こういうことは変えていかなければいけません。

時代に合わせて、法制度を改正し、しかもできるだけ民間の自由度を上げていくことが必要なんです。

相原　学問の世界も教育界も、常に自らの枠を外す努力をすることが重要だと思います。そのためには、多様な人材を組織にとり入れることが必要だと思います。

「ダイバーシティ」ですね。例えば、外国で育った人と一緒に仕事をすると、今までの自分のやってきたことが、必ずしも解決策ではないんだと気付くことが、しばしばあります。

ダイバーシティの大切さにできるだけ早いうちに、つまり若いうちに気付くことが大切だと思いますね。

奥原　そうですねえ。官庁でも、留学する人もいるし、大使館に出向する人も多いのですが、日本に戻ってくると、またどっぷりと従来のタコ壺の世界に戻ってしまうんで、これが不思議なんですよ。

とにかく、日本は多様性を許容しないですよね。日本の場合、多様性が欠如する一つの理由は、すぐ人を分類してレッテルを貼ることにあるんですね。文系理系もその典型の一つですし、すぐ自分たちの狭い世界から見て敵とか味方とかレッテルを貼って敵を排除しようとする傾向もあります。

もっといろいろなものを許容して、違う視点や新しい発想を入れて考えていくことが必要ですね。

その仕事・研究を何のためにするのか

奥原　ところで、理系の人が研究計画だとかを進めるときのやり方というのは、法律を作る時のプロジェクトの進め方と違うところはありますかね。

相原　研究計画を作るときに一番重要なのは何のために研究をするのか、ということですね。これがきちんと考えられていないと、あとはどうやってもうまくいかないんです。しかも、この「何のために」という点だけは、教えられるものではなくて、自分で考えるしかありません。そこを他人に頼っている限り、その人は研究者とは言えないです。こうすれば成功するという方程式もないわけだし、いろいろもがいているうちにノーベル賞にたどり着いたりするわけです。

とにかく、まず自分で考えて、自分で決めなければいけませんね。それができれば、次は、その目標にどう向かっていくかです。

研究者にも求められるマネジメント力

相原　一概に研究といっても、その規模はいろいろです。大型望遠鏡や粒子加速器の建設を伴う大きなプロジェクト型研究の場合には、それなりのマネジメント能力が要求されます。周囲の人を巻き込んで支持を得ていくことが必要で、チーム作りが重要になります。目的を共有するメンバーを集めて、プロジェクトを進めていく。

そのやり方は多様ですが、リーダーの役割は集まったメンバーを一番いい形で組み合わせていくことです。科学者ではない人たちにも、研究の意味や意義を説明することが大切になります。

これにも、得意な人と不得意な人がいるわけですよ。科学者としては非常に優れているけれど、難しい数字や方程式ばかり話していて、その研究の良さが伝えられない。もちろん、伝え方のスキルを訓練することで改善しますが、限界もあります。

プロジェクトが大きければ大きいほど、社会からの公的な支援も必要になりますから、科学者以外の人に説明することが得意な人、そのセンスがある人を仲間に引き込むことが重要になります。

奥原　「この指とまれ」と言って、自分で目的を掲げて一緒にやってくれる人を募るということなんですね。そのあたりは、法律を作るときのプロジェクトとはかなり違いますね。最初の発想は個人から出るわけですが、こういう方向の法律改正をやろうというところまで組織決定してから、プロジェクトは動き出すことになります。

なんでも好き勝手に法律改正をするというわけにはいかないので、現状分析、問題点、解決の方向といったことを議論して、そうした法律改正が必要だという共通認識を作ることが最初のステップになります。

大きなテーマであれば、ここまでの共通認識を作るプロセスが結構大変で、残念ながら、自分から言い出す人は多くありません。

マスコミや政治サイドから迫られてやっと動き出すということも少なくありませんが、これでは時代の変化に迅速に対応していくことはできないんですよね。

こうしてプロジェクトが動き出したときに、人を募るというよりは、それを担当する部署があるのが普通なので、その担当局・担当課が実務を進めていくことになります。

だから、基本は既にできているチームで対応するということなんですが、テーマが大きい場合、難しいテーマの場合には、その担当部署の外から能力のある人材を連れてくることも必要になります。また、場合によっては、担当局長や担当課長を適任者に交代させることもあります。

そういう意味では、人事は、プロジェクトを成功させるために、最も重要なものです。

相原　官庁は、プロフェッショナルの集まりでシステムが出来上がっている、まず組織ありきということですよね。

奥原　だからこそ、そのシステムをうまく使って積極的に仕事をしていかないといけないんです。積極的ということは、時代の変化に合わせるということであって、手取り足取りの細かい規制をかけるということではありません。

プロスポーツ界とアカデミアの共通点

相原　研究の場合は、システムが出来上がっているわけではないので、人を集めるところからやらなければいけないわけです。大きなプロジェクト研究になれば日本だけの人材では足りないので、必然的に国際協力になるんですね。

その次に、システム工学的な仕事が始まります。このシステムで結果を出すにはどうすればいいかというノウハウの研究もされています。

例えば、アメリカンフットボールのようなスポーツの世界で、こうすれば点が取れるという戦略を考えるのと同じです。「優勝したい」という、向いている方向は一緒だから、ノウハウが分かれば、みなそれに従って動くんですね。その意味では、研究の世界とスポーツの世界は似ていますね。

例えばサッカーでも、優れたスポーツ選手は、日本に留まっているだけではなくて自分を一番高く評価してくれる外国チームに行きますよね。研究者も同じです。

奥原　法律改正のプロジェクトについて言えば、法案の条文作成ということもありますが、最大のポイントは、その法律についての理解者を増やして、最後は国会で可決してもらうというところまで持っていくことなんです。

だから問題意識を明確にし、ここをこうすれば問題が解決する、世の中が前進するということを説明して、どれだけ理解を得られるか、ということが重要なんです。

表座敷での与党・国会での正式な議論も必要ですし、それに先立って個別に説明する、いわゆる「根回し」も必要になります。

「自分は聞いていないぞ」という殺し文句

相原　研究者の場合も、日本では根回しが必要で、強行突破というか、議論して突破するというやり方ではなかなかうまくいかないんです。

ヨーロッパとかアメリカだと、根回しということそのものがあるのかどうか。アメリカでは、会議での議論に勝ったものが勝つということが原則で、私の知る限り、根回しなんてやりませんよ。

私もアメリカから帰ってきた時に思いましたが、日本では、誰かが発言し、別の人がそれと違うことを言う、そういうモードになることを、多くの人が嫌うんですよね。

日本の場合、なぜそうなったのかはよく分からないし、タコ壺意識とはまた別のことかもしれないけれど、多くの人はそういう状況になることを避けようとするんです。

奥原　平和主義というか、「和をもって貴しとなす」というか、日本人にはそういう傾向はものすごく強いですよね。

同じ日本人だから、同じ仲間だから、だから争わない、みたいなことでやっていますが、これも一種のタコ壺主義なんだと思いますよ。これでは、議論していろいろな意見を入れて改善していくことはできなくなります。

結局、周囲の空気を読むだけになり、自分の判断というものがなくなっていく、その結果誰が作ったか分からない空気に流されて、とんでもないことになっていくんですよ。

そして、とんでもないことになっても、自分が積極的に決めたことではないから、自分の責任とは思わず、人のせいにするんですね。太平洋戦争前後の歴史を見ていると、そういう感じが強烈にします。

相原　日本の大学では、手続きの厳密さや根回しは大切で、会議で「自分は聞いていないぞ」というのが殺し文句になるんです。内容が良いなら、事前に聞いていなくても賛成すればよいと思いますが、日本の会議ではそうはならないんです。

奥原　それは大学以外でもよくあることですね。単に事前に説明しておけば賛成してくれるのかというと、必ずしもそうではない。事前説明で前向きなアドバイスをくれる人もいますが、表座敷で言えないことを根回しの際に押し付けてくることもあります。

既得権を維持するだけの意見は、表では言いにくいので、水面下で要求して、表に出たときには、既得権を主張しなくてよいように修正させるんです。これは改革を阻む大きな問題になります。

コンセンサス重視ではイノベーションは起きない

相原 日本のコンセンサス重視の考え方は、イノベーションには向いてないと思います。イノベーションと言われている多くのものは、ほとんどの人は反対するか、うまくいかないと思うようなものです。それを誰かが勝手にやってうまくいったというのが、イノベーションです。

奥原 なんだかんだ言っても、日本は「出る杭を打つ」社会なんですよ。日本にGAFAが出てこないと嘆くなら、そこを変えなければいけないんです。

アメリカと違って、日本のランキング上位企業はほとんど変動せず、しかもそうした企業が地盤沈下していくのも、こういうところに原因があるんですね。

相原 日本はリスクを取らない国だとつくづく思います。自己責任ということがなくて、世の中の空気に流されていく。これが一番リスクを取らなくて済むんです。最後は自己責任で行動する前に、国が出てくるんです。

何かにつけて「国にやってほしい」とか「国が決めてくれないと困る」とか、すぐに言うんですよ。他人に決めさせておいて、あとで「自分は反対だった」とか、意味のないことを言うんですね。

奥原　そういうことが、すべてのところで起こっていますね。

文系理系から始まる、いろいろなタコ壺があって、タコ壺に入れば入るほど、自分の組織の中の空気にしか従わなくなってくるんです。

外の世界と接触すれば、そこの空気も変わるはずなのに、自分のタコ壺にこもろうとするんです。これで、日本人は本当に自由なのか、これで日本は発展するのか、真剣に考える必要があると思いますね。

私が麻布中学に入学したとき、校長がＮＨＫの解説委員をしていた藤瀬五郎という方で、藤瀬校長は、入学式のあいさつで、慶応大学教授だった池田潔氏の書いた『自由と規律』という岩波新書の話をされました。

これはイギリスのパブリックスクールのことを書いた本で、人間が自由だとはどういうことか、自由には責任が伴うとかいうことが書かれています。

結局、麻布中学・高校の６年間を通して身についたのは、この精神だったと思っています。タコ壺にのめりこまないためには、こういう精神が必要なんだと思いますね。

複数の分野の人が連携しなければ次の展望が開けないようなときには、タコ壺から出る意識を強く持たないといけないと思います。

「私は理系なので法律のことは分かりません」「私は文系なので科学のことは分かりません」というだけで、これまでは通用したかもしれないけれど、これからはそれでは仕事になりませんよ。

他分野の人の話を聞いて理解しようとすることは必須です。仕事ができない言い訳などしていては、プロとは言えないんです。

日本社会に残された「失敗の本質」

相原　オープンな場できちんと論理的な議論をして、どうすれば答えに到達するかを考えて、工夫しないといけませんね。学校教育から社会全体に及んでいる話なので、難しいけれど、やっていくしかないですね。日本の大学も変わってきました。

高度成長期に目指していた欧米へのキャッチアップは終わって、自ら新たな方向を見つけなければならない。この時代に日本の従来の慣行や意識に固執していては、この国の将来は危ういと思いますね。

奥原　高度経済成長のころと同じ意識でいろいろな仕組みが残されているところに、問題があるんですよ。

『失敗の本質』（中公文庫）という、日本軍の組織論的研究をした本が、ビジネスマンを含めて多くの人に読まれていますが、そこに書かれている問題は今現在の日本社会の問題でもあるんです。そのくらい根が深くて改革が難しいということです。

しかも、多くの人に読まれているのに世の中が変わらない。評論家にはなっても自分では実行しないんですよ。

相原　自分もタコ壺のメンバーだから、実行するとつらいことになるんですね。

第　2　章

理系の問題は何か

科学技術のほとんどの分野で、日本は世界水準

奥原　最近、経済界も政府も、科学技術についての関心はかなり強くなってきている感じがします。

その背景にあるのは、中国が急速に先端技術を発展させてきていて、アメリカは経済だけではなくて軍事的な面も含めて中国と覇権争いをするという状況の中で、日本は本当にこれから国際社会の中でうまくやっていけるのか、ということなんだと思います。

日本の立ち位置は間違いなく難しくなると思いますが、その中で日本の経済だけは安定的に発展していないと困る、そしてそれは科学技術と結びついている、という意識が高まっているということなんだと思います。

こういう観点から見たときに、日本の研究開発の現状というのは、どういう状況にあるのですか。

相原　科学技術のほとんどの分野において、日本は世界水準にあります。私が大学を卒業してアメリカに行った40年前には、日本でどのような研究をやっているかを知っている米国の

研究者はほとんどいませんでした。

「東京大学って、いったいどこの大学?」と聞かれたこともありましたが、さすがに今はそういうことはありません。外国の研究者に聞けば、科学でも工学でも、それぞれの分野で日本の研究者の名前はすぐ出てきます。日本のどういう分野が優れた研究をしているかについても、知られるようになりました。格段の進歩ですよね。

奥原　現状は、トップレベルということですね。報道を見ていると、既にトップから転げ落ちているような感じもしていたので、少し安心しました。しかし、問題はこれからの競争に勝てるかということですね。

相原　中国は、研究開発への投資を非常に速いスピードで増やしています。急速な経済成長を背景に、日本の十倍百倍の研究資金を投資しています。今の中国は、3年前の中国、2年前の中国とは全然違います。とんでもないスピードで日本に追いついて追い越しつつあるんです。

しかも、中国は人口が巨大ですから、優秀な人がたくさんいて、その人たちが潤沢な資金を使って研究できるのだから、伸びて当然ですよ。

経済的なステータスと科学技術のレベルはリンクしていると思います。どちらが卵でどちらが鶏か分かりませんが、経済的な成長がないと科学の方もうまくいかなくなります。科学には投資が必要ですからね。

一方、科学技術が進歩しないと経済も成長しません。日本の多くの科学技術研究者が目指していたのは、アメリカ・ヨーロッパが先行していた研究で、そこには順調に追いついたと思います。それは経済成長に伴って行われた、科学技術研究への投資に支えられていたことも間違いないと思います。

日本の研究開発が直面する二つの分岐点

相原　今、日本の研究開発は二つの意味で分岐点に立っていると思います。一つは、トップレベルに到達したがゆえに、どこに向かって進めばよいかを模索していると思います。上がいないというのは、そういうことです。

もう一つは、高度経済成長が終わり、人口も減る。この状況で、国の研究開発への投資が減りつつあることが、研究者に不安を与えています。「このままでは基礎科学が立ち行かない」と訴えている人たちも、皆同じような気持ちだと思います。

若い人にとっては、もっと大きな問題で、これから自分が活躍する場があるかどうか分からないという不安があると思います。これでは、優秀な人ほど入ってこないわけですよ。

優秀な人にとっては、今の科学技術の状態がどうであるかではなく、自分が活躍できる場があるかどうかの方が肝心なんですね。「伸びしろがある」状況の方が若者を惹きつけます。

アメリカが伸びているのは、構成員に多様性があるからだと思います。インドの人や中国の人がどんどん来る。その多くは、科学技術の分野で、もっと活躍したいという、モチベーションの塊でハングリーな人です。それらの人たちが活躍してアメリカの科学は進んでいると思います。

アメリカでは、科学技術分野を最先端で進めている人たちの出身国が時代とともに変わっているのが分かります。

日本の場合は、資金の問題もあるし、英語で研究・生活ができる状況にもなっていないので、多様性を受け入れる以前に、多様な人たちが機能できるシステムになっていないという感じです。これでは駄目ですよ。

日本では研究者の流動性も高くありません。外国の優秀な研究者は、報酬が減ることが分かっていて日本に来るわけがありません。

アメリカの研究者の報酬は日本の3倍

奥原　アメリカの研究者の報酬はどのくらいなんですか。

相原　日本の3倍くらいですかね。大リーグに行っている日本人の野球選手の給料と日本でやっている選手の給料が大きく違うのと少し似ています。

奥原　アメリカも研究者の数は多いと思いますが、総じてそういう感じなんですか。その報酬の財源はどこからきているんですか。

相原　スタンフォード大学のようなアメリカでトップクラスと言われている大学のほとんどは、大学自身が自由に使えるお金をたくさん持っています。大学創設者の巨額の遺産、卒業生あるいは企業からの寄付金を基金化し、大学の基礎資産とするという文化があります。

奥原　日本は、成功した人と言っても多くはサラリーマン社長ですからね、大したお金を持っているわけではないし、寄付をする文化もないですよね。

相原　しかも、日本では成功した人の中にも「東大には何も世話になっていない」と言う人も多いですよ。こういうことを言うから、ますます金は集まらなくなるんですね。

アメリカの私立大学は、国とは独立だという意識が非常に強いと思います。時の政権がなんと言おうと、ハーバードはハーバードなりの確固たる考えがあるという思いが強いと思います。

だからこそ、卒業生たちが自分たちで大学を支えるという意識になるんだと思いますね。日本とアメリカでは、お金持ちの人数が違うとか、税制の違いとかもあるとは思いますが、卒業生の意識の違いも大きいと思います。

数年前まで、日本の国立大学は、国からの交付金を使って運営してきただけでした。30年前は、経済成長もあって研究資金も増え続けていましたから、成果もそれに応じる形で出てきたんです。この交付金が段階的に引き下げられるようになると、途端に苦しいことになる、つまり減額になった部分は大学が自分で調達しなければいけなくなるわけですよ。

大学の多くの教員は、民間企業からの資金調達なんて、今までやったことがないし、トレーニングを受けたこともないんですね。文部科学省にだって、資金調達を指導できる専門家はいません。だから、大学は苦しい状況になるんです。

奥原　今の経済状況を見ると、大企業のところに内部留保は相当溜まっているわけですよ。経済界からもっと研究開発をしっかりやらないと経済が成長しないと言われながら、その企業のお金は大学なんかにうまく繋がっていかない、ひも付きの資金は多少あっても、基礎研究のところに流れるお金はほとんどないでしょう。

このお金の流れをきちんと作らないと、経済界も大学も良くならないですよ。このことはもっと真面目に考えるべきテーマだと思いますけれどね。

研究業績の差が給料に結びつかない

相原　大学・経済界、双方で問題の所在を分かってきてはいて、少しずつは進んでいるようにも思います。ただ、民間企業からの大学への投資が、運営費交付金の減少分を補えるところまでいっているかというと、そうはなっていませんね。

スタンフォード大学のように、もともと大きな基金があって、それを運用して自由に使えるのであれば、ひも付きではないから、いいんですよ。自分で稼いだ金ですから、何に使ってもよいわけで、それを優秀な研究者を雇う財源にしてもいいんです。

ところが日本は、産業界と連携しても、結構ひも付きというか、制限がついていることが多いです。税金である運営費交付金は、そのほとんどが教員の給料になります。この交付金配分にメリハリをつけると言っても、例えば、教員の給料に研究業績をベースにした差をつけることはすごく難しいです

奥原　アメリカでは差がついているんでしょう。

相原　ついていますね。

奥原　それは誰が決めているんですか。

相原　それは、学部長が判断し、最後は学長も判断します。こういう点でも、大学のガバナンスの問題が影響しているんですよね。

我々の場合、もともとは公務員だったので、公務員と同じ給与システムで、公務員の俸給表に従っていたわけです。

今は、国立大学法人という法人になったので、公務員の俸給表を使わなくてもよいのです。それでも、法人化されたからといって、いきなり新しいルールを設定することもでき

ず、事実上、公務員の俸給表に準拠しているのが実態ですね。

つまり、これまでは、研究業績を出そうと出すまいと、教授の給与はほとんど同じだったわけです。現在、少しずつ変えるようにはなりましたけれども、変えるためには財源が必要です。

今までの給与水準を下げるということはなかなか難しいので、業績を出した人の方を増額するしかありません。それには財源が必要ということです。改革が必要なことは認識していますが、思い切った改革をするには資金、つまり財務的リソースが足りません。

スタンフォードの教授数は東大の半分で、運営資金は5倍

奥原　企業でも国でも、ひも付きでない形で相当な資金を出そうと思えば、その大学のガバナンスが問われるでしょうね。資金を出したのはいいけれど、意味のない所に多くの資金が使われているということになれば、資金は出しにくいですよね。
基礎研究の分野はすぐにものになるかどうか分かりませんが、拠出する人に文句を言わせないためには、大学自身がメリハリをつけて有意義に資金を使ってくれる、という信頼感が

必要なんだと思いますよ。それがガバナンスということですね。

相原 そうです、そのお互いの信頼感が大きなポイントです。

一概に研究と言っても、基礎研究から応用に近いところまで、いろいろあるわけで、こうしたいろいろな研究のすべてを同じお金で賄うというのも、ちょっと違うと思います。

非常に時間がかかりそうな研究、例えばニュートリノ研究で有名なカミオカンデでの研究は、巨額の資金が必要になりますが、何か発見されても、それが直ちに何かの役に立つ訳ではありません。研究を進めるには公的資金が必要で、それを出すかどうかは、最終的には国の判断によることになります。

一方で、もっと直接的に利益につながるような研究は、産業界から資金を得て、公的資金を置き換えるということは可能です。現状では、この切り分けがはっきりしているとは言えません。

科学と言っても、いろいろなものがあるのに、全部一緒のように思われて、全部を国の資金で賄う、あるいは、全部を民間企業の資金で賄う、といった結構乱暴な話になりがちです。

従来の国が全部出す方式が良かったという人もいるし、国立大学も授業料と民間資金で運営するべきだという人もいるんですね。すぐには何の役に立つか分からない研究への投資は、上限はあるけれど、ここまでは国が出しましょう、といった話し合いがあってもいいはずなんです。

この部分は国が出して、ここから先は大学の方で産業界を回って資金を調達するとかですね。そういう仕組みがやっと始まったところですね。東大ではある程度進んでいましたが、最近になって、いっそう進みました。でも、まだ例えば、スタンフォード大学のようにはいきません。

奥原　スタンフォードは、民間企業とのいわゆる産学連携で、大学が回っているんですか。

相原　先ほど言った大学の大規模な基金もあるし、非常に高額な授業料もあります。そして、基礎研究には、政府からたくさんの研究資金が投入されています。東大は約2600億円で全体が回っているんですけれども、スタンフォードの運営資金は現在、なんと約1兆3000億円にのぼっています。

違いは運営資金の額だけではありません。スタンフォード大学の教授の数は東大の半分ぐらいしかいません。一方で、教授たちを支える職員が2倍以上います。トップの研究者は本当に研究だけやっていればいいわけですね。こういうシステムも日本とは違います。日本では、教員がいろいろなことを全部やらなければいけないので、研究している時間がないと言われているんですね。

どんな学生を入れたいか、が大学の個性

相原　研究以外の仕事というのは、日本も欧米も同じようにあるわけですから、それを教員がどれだけ分担するかが違うということです。そういう意味では、一番違うのは、入試業務ですね。

アメリカでは、教授は入試業務をやりません。アドミッションオフィサーという専門家がいるんです。大学ごとに、こういう学生を採りたいということを決め、あとは専門家に任せます。専門家が書類選考し、入学志願者のインタビューをします。また、卒業生・同窓生がインタビューをするということも多いですね。入学試験は一定の学力を保証するだけです。

奥原　確かに、試験の成績がすべてではないですよね。日本の公務員だって、公務員試験に

合格した人の中から各省庁が面接を繰り返して選抜しますよね。そこでは行政官としての適性を見ているわけで、成績を見ているわけではないですね。

企業の採用だって同じことです。人間の評価の軸は、組織ごとにいろいろあるわけで、何が公正かというのは難しいですね。

相原 ハーバード大学に行って感じるのは、非常に積極的に発言をする学生が多いなということです。アジア系の学生は比較的おとなしいから、入学には不利だと言われています。それが不公平だと言う人もいるかもしれないけれど、大学の特色を出すにはそういうことも必要です。うちの大学はこういう方針です、自分の資金でやっていますから、と言えば、それまでなんですよ。

東大を含めて日本の国立大学だと、そういうことは言えないし、私立も国から多大な補助金を受けていると、特色は出せなくなりますよね。例えば、東大が外国人の留学生をたくさんとると、外国人をこんなに入学させて、日本の税金が無駄になっていませんかと言われることがあります。残念なことです。

今、東大は毎年、学部学生を約３０００人とっているわけですが、その人数枠の中で、外国人を入れようとすると、日本人の東大に入れる人が減ると文句を言われると思いますよ。たぶん日本人学生の親からも言われると思います。

これでは多様性は確保できないし、研究が発展することにもなりません。本気で日本の大学のレベルを上げようと思うなら、我々としては、国籍に関係なく世界から一番優秀な人を入学させなければいけないと思います。

大学「教育」よりも大学「入試」が重視される日本社会

奥原　結局、日本人が大学をどういうところと思っているか、ということですね。日本の大学にどうなってほしいという思いはあまりなくて、自分の子が、名の通った大学を卒業して名の通った企業に就職できればよい、と思っている人が多いんじゃないですか。

そういうモデルで考えると、入り口をせばめられたら割食う人が出ると言って騒ぐことになりますね。そう考えている人にとって、大学教育より入試の方がはるかに重要で、大学入試がその後の人生におけるステータスを得るためのものになっているんです。

これって、人間の能力を高卒時点での試験結果だけで見ていることになるんです。高校を卒業してから勉強して能力を高める人もいれば、勉強も読書もせずに能力が落ちていく人もいるわけですから、こんな見方がおかしいということは誰でも分かるはずなんですけれど、こういう見方が通用しているように思います。文系は特にそうですね。

相原　「日本の大学のレベルが低い」「レベルを高くしないと日本経済の発展にとっても良くない」と言うのであれば、大学のあり方とか研究のあり方をもう少しきちんと議論していく必要がありますね。これからの日本を考えたら「多様性」というのは避けて通れないと思います。

発展していくためには、モチベーションをどうやって保つかが大事で、世界中から非常にモチベーションの高い人を集める必要があります。大学は、人間で決まるのだから、留学生に対するサービスの状況も変えなければいけません。

もう一つは、言語の問題です。日本語だけでやるのでは、外国の優秀な人は来たくても来られないんですね。英語で何の違和感もなく研究でき生活できる、という環境にしないとだめで、言葉の壁は非常に厚いです。

研究の世界では英語は必要不可欠

奥原　教える方は、問題なく英語でやれるようにはなっているんですか。

相原　はい、かなり改善されています。一方で、母国語で学問を教えることは重要だということもあるんです。物理を教えるときも、少なくとも学部は日本語で教えるべきで、その方が物理の本質的なことはよく理解できるという人もいるんです。

そうかと思うと、自然科学なんて何語だって同じはずだから、英語で教えてしまえばいいという意見もあります。

もちろん、日本人の学生全員がそれでついてこられるとは限らないし、「外国語で論理的に思考しろ」と言われても、実際にはなかなか難しいことです。外国語で思考するということは、コミュニケーション技能として外国語を使うこととは、別なものですからね。

単に、その人の信念とかいう問題だけではなくて、脳科学的に見ても、母国語を使っているときと外国語を使っているときとでは、使う脳の部分が違うようです。母国語の脳で学問を理解するのと外国語を使うときの脳で理解するのとでは、脳科学的にも違うらしいんです。

奥原　英語教育をいつから始めるのがいいかについて、今のような議論がたくさんありますよね。「あまり早いうちから英語をやらせては駄目だ」という意見にも、一理あるわけですよ。自分の頭できちんと論理的に考えられるベースは作らないといけないわけで、早くから日本語と外国語をやって、日本語でものを考えることすらできなくなったらどうするのか、と言われれば、そのとおりだとも思います。

一方で、国際化が進む中で外国人とのコミュニケーションツールも必要なことは、間違いないわけです。両立させるのは大変かもしれないけれど、両立させていくしかないんだと思いますね。日本語で緻密に思考できるようにしながら、外国人とも意思疎通できる程度には英語をマスターすることを目指すしかないですよね。

相原　研究開発の世界では、一人で研究できた時代はかなり前に終わっていて、国際的に連携せざるを得ない時代になっているわけですよ。

だから、英語でのコミュニケーション能力がないと、研究もうまくいかないと思います。サイエンス全体のレベルを上げるには、いろいろな人たちと、あるときは協力、ある時は競争をしていかなくてはいけません。グローバルマーケットの中でやっていくしかないわけです。

スポーツの分野、例えば、テニスやサッカーの世界もそういう状況になっていますよね。外国で活躍する日本人の選手は、英語やその国の言葉でコミュニケーションをとっています。それは必然なんです。みんな、必要なことは勉強するんですよ。

テニスプレーヤーが、テニスだけうまければいいかというと、そうではなくて、国際的なテニスコミュニティの一員だと認められるということが大切なのです。そのためには、コミュニケーション技能としての英語は大切だと思います。

ビッグサイエンスは国際協力で進める時代

奥原　日本の研究は、戦略分野で遅れているということはないんですか。

相原　これもよく問題になります。日本は戦略分野の研究もやっているけれど、取り組むのが遅いのではないか、と。例えば、ＡＩは今流行っていますが、日本は大幅に出遅れたのではないかという意見があります。

AI分野は、これまでに冬の時代もあって、今回は3回目のブームです。カナダとかアメリカでは、冬の時代でも研究を続けていた人がいた結果、3回目のブームで大きく花開いています。

まさに、研究の多様性が重要だということですが、この多様性をどこまで許容するのかが問題です。うまくいかないときには、やめるという選択肢もあるわけです。やめるかどうかは、研究者本人の判断もあるし、研究資金を出す側の判断もあるわけです。

必ずしも政府の方針とも言い切れない面があります。ピアレビューという研究者同士による評価によって、研究資金の配分は決まります。つまり、科学者自身のコミュニティで配分を決めるシステムになっているわけです。しかし、研究の成果が出ないと、コミュニティが政府の意向を忖度してやめてしまうこともあります。結局、今すぐに成果が出ないものを、いつまで許容できるかということです。

経済が成長していて、研究資金も増えていた時期は、研究者コミュニティも心に余裕があって「少し変わった研究があってもいい」「失敗しても次がある」「すぐに成果に結びつかなくても長期的に考えればよい」というような比較的おおらかな判断をしていたのです。

ところが、今のような経済環境、財政状況になると、そうはいかなくなります。研究者のマインドがすごく後ろ向きになって、悲しいことに、自分の今の研究を続けることが最優先になって「これに資金を配分したら自分の研究に回ってくる資金が減るのではないか」などと思うようになるんです。

こういう状況の中では、大きな資金が必要な研究、いわゆるビッグサイエンスについては、国際協力をして進める以外にありません。自国の資金だけでは賄えないからです。ヨーロッパだってアメリカだって、それぞれ苦しいから、研究資金を分担して共同で進めていくということですね。

「上から目線の大学」では、やっていけない時代

奥原　中国は違うんでしょうね。経済規模が大きくなって資金は潤沢にあり、しかも民主的な運営をする必要はないわけですから、稼いだ金を集中的に戦略的な研究に投入することができますよね。トップがここに資金を使うと決めさえすればそうなるわけですから、そこが怖いところですよね。

歴史的に見れば、科学とか芸術の分野は、その時々の権力者や経済力を持っている人が、趣味的にあるいは恣意的に資金を投入してきたんだと思いますが、民主主義の社会になると民主的に資金配分を決定しなければいけなくなるんですね。

それでも、経済が成長していれば、財源があるから資金配分できますが、財源が大きくならなくなると、これをどう配分するかはすごく難しくなるわけですよ。

民主社会の中で、特に国から研究資金の配分を受けようと思えば、国民がどれだけ理解し、応援してくれるかということが重要になります。

実質的な配分権者が誰なのか、文部科学省なのか、財務省なのか、官邸なのか、与党なのか、という問題はあって、この人たちに理解してもらう努力は当然必要ですが、こういう人たちも結局、世の中の動向を見ているわけですよ。

だから、マスコミなどを通じて、国民に、もっと日本の研究の現状とか、これからの研究方向をきちんと説明する努力が必要だと思いますよ。

日本人がノーベル賞をもらうと、その人の研究テーマだけが報道されますが、こういう断片的なことではなく、もっと体系的に全体像を分かってもらうようなことが必要です。

相原 確かにそうですね。一般人、国民への説明能力も才能の一つで、そういうことに秀でた研究者もいますが、多くはありません。我々、科学者自身がもっと努力する必要がありますね。大学でもいろいろな取り組みを始めているんです。

しかし、先日も経済界と大学の意見交換をしたら「大学の先生は上から目線だ」と言われました。大学の先生はそういうつもりで言っているわけではなくても、言葉の使い方が、そういう印象を与えるんですね。

自分の専門分野のことを、一般の人に分かりやすく説明するというのは大変なんです。国立大学法人になって、運営費交付金が段階的に減らされる中で、民間企業との連携をより発展させないといけないのですが、民間企業に説明する能力も開発途上なんですね。

能力の高い人は、素人にも平易に説明できる

奥原 最近は、東大カブリ数物連携宇宙研究機構の村山斉さんみたいに説明能力が高い研究者も出てきていますよね。彼の本は非常に分かりやすくて面白いですよ。こういう人がもっとたくさん出てきた方がいいと思いますね。

それも、個々の研究ではなくて、研究の全体像、日本の研究成果はここまできている、といったことについて、一般の人が分かるような体系的な伝え方が必要なのかもしれません。大学ごとでもよいですが、「知の全体像」みたいな本ができるとよいと思いますね。

相原　アメリカでは、そういうこともできるというのが研究者の一つの評価軸です。プレゼン能力とかコミュニケーション能力、要するに社会一般の人に伝えられるっていう能力が高く評価されます。

奥原　専門家でない人に説明するということは、本当に分かっていないとできないことなんです。

官庁でも、通り一遍のことなら話せるけれど、核心を突く質問、これは実に基本的な単純な質問ということが多いんですが、こういう質問が来たら、ばったり倒れるなんて人がたくさんいますね。

こういう人は、他人の書いた文章を読んでいるだけで、自分の頭で徹底して考えたことがないんですね。一般の人が分かるようにするには、基本的なところから、論理的に整理して理解していなければいけないし、これができていれば、質問に答えられないということはありません。

相原　これは、文系でも理系でも必要なことですね。大学でもやらなければいけないし、そうしないと研究予算も増えません。研究資金の配分のためには基準を定める必要があります。

「世の中の役に立つか」というのは間違いなく一つの基準です。でもそれをどのくらいの時間スケールで測るかという問題があります。いつまでに成果が出ればいいのか、すぐに成果が出ないものには資金配分をしないのか、ということです。

「役に立つ」の本質的意味

相原　それから「役に立つ」ということの意味も問題になります。

例えば、様々な病気の治療薬の開発などのライフサイエンス・医療関係の研究は、国民の健康維持の観点から、特に、病気で苦しんでいる人にとって「役に立つ」のは明らかです。

一方で、技術開発が進み医療費がどんどん増大していくと、社会保障のシステムが維持できるのかという課題も指摘され始めています。

奥原　最近、億円単位の薬が登場してきていますが、医療の研究であれば何でもよいわけではなくて、もう少し方向性を考えていかなければいけないかもしれませんね。社会保障で支え切れるかということは、もっと真剣に考えるべきテーマですよね。

この話は、健康保険にも年金にも大きく影響するわけで、医療費の自己負担をどうするかとか、保険の点数をどうするかよりも、もっと重要な問題かもしれません。そして、そもそも、寿命が延びさえすればそれで人間は幸福なのかという問題もありますね。

相原　働き盛りの人が健康で生活できるようにすることは必須だと思いますが、全員が100歳まで生きるようなシステムを作ることが国民全員を幸せにすることになるのかという疑問はありますよね。

こういう話になると、そもそも「生きるとは何か」あるいは「幸せとは何か」という哲学的議論にもなるわけです。社会全体として、そういうことを議論する場があってしかるべきだと思いますが、現在は、ないと思います。

奥原　「病気の治療」に異を唱えることは難しいので、聖域になりやすいですからね。

ですが、人間のやることは、どこかで折り合いをつけるということが必ずあるわけで、医療に関する研究についても、方向感とか優先順位とかを考えていくことも必要ですね。

相原 日本の医療は世界最先端のレベルにあるわけですから、外国の解決策を持ってきて解決するという状況ではないんですね。科学のほとんどの分野も、同様の状況になっているので、これからの方向を決めることが難しいわけです。

お手本がない状況になった場合にどうするかといえば、自ら考え出すしかありません。失敗するかもしれませんし、科学研究の場合、費やした資金が無駄になることもあるかもしれません。基礎研究であれ、応用研究であれ、日本は現在は世界の最先端にいるとしても、放っておけば、どんどん落ちていくんです。

もちろん、落ちていくのに任せるというのも一つの選択です。しかし、それがいやであれば、努力し続けなければいけない。他の国も努力していますから、もっと努力しなければいけない。

常識的に考えて、中国と比べれば、相対的に落ちていくことになります。今後、経済発展が見込まれる他のアジア圏も伸びてきますから、その中で研究の最先端を走るのは大変なんです。

奥原　そうすると、日本は相当厳しいことになりますね。どうやって打開するんですか。

相原　一つの解は、中国やアジアの諸国を巻き込んで共同研究を進めることですね。経済も研究も伸びているところの人たちを仲間にして一緒に伸びる。私は、これは非常に有効だと思います。

アジア経済圏として、中国、韓国、ベトナム、ミャンマーなどの研究者と協力する。協力や交流の範囲をこれまでとは桁違いのスケールで進める。そのためには、対応できるように、日本のシステム全体を作りなおさないといけないと思います。小手先の対応ではだめです。

10年後、20年後の国力から構想する

奥原　最近、日本の科学技術の現状を憂える本がいろいろ出版されていますが、このままでは困ったことになりますよね。ポスドク問題に起因して若い人が博士課程を目指さなくなっているとか、そういうところを解決してあげないといけませんよね。

財源も重要な問題で、国の資金も民間の資金も含めて、どう調達してどう配分するかとい

うことを真剣に考える時期に来ているんでしょうね。民間の資金を研究に入れることを考えたら、税制で抜本的なことを考えることも必要でしょう。

小手先の対応だけではじり貧になっていくことは避けられないと思いますが、日本という国は、抜本的な改革が苦手なんですよ。

既得権を持つ人たちが抵抗すると、すぐ「少しずつ改善」みたいなことになって、結局意味のある改革にならない、そして気がついてみたら茹でガエルになっていた、という話になりがちです。そして、すぐに政府に考えてくれ、とか言うわけですよ。

相原　政府に考えてくれではなくて、民間から「こういうふうにやるべきだ」というものが出てこないといけないですよ。「国の方で指針を出して下さい」と言って、待ちの姿勢をとったのでは、時間がかかるだけで、事態はどんどん悪くなります。

一方で、研究者の意見がまとまっていないということも問題です。

奥原　最近の日経新聞に、科学振興の在り方について、ノーベル賞受賞者を含む4人の研究者の意見が載っていましたが、バラバラでしたね。

相原　これでは、役所の言いなりになるしかなくなりますよ。日本はきちんと議論して大きな方向性を出すことが、本当に苦手なんです。これだから、財務省の予算配分に従うしかなくなるんですね。

「税金を使う以上、役に立つものにしか予算はつけない」という理屈だけに押し切られることになるんです。もちろん、それも分かりますが、短期的な視点だけで物事を考えてはいけないわけで、日本の10年後、20年後の国力がどうなるかを含めて考える問題だと思うのです。

奥原　将来の国力がどうなるか、どうするかは、本来、財政の長期展望にもつながる話ですよね。もっとも、前提として、大学の側も、国が信頼して予算をつけられるように、ガバナンスをしっかりやることも必要だと思いますけどね。

相原　そのとおりです。

日本が苦手な世界のルールづくり

奥原　資金面での制約とは別の話ですが、研究開発についての、内容面での制約というのはどうなのでしょう。

ノーベル賞の設立はダイナマイトを発明したノーベルの贖罪《しょくざい》という側面があるように、新しい科学技術は人類にメリットをもたらすだけでなく、新しい兵器を生み出すなどのデメリットをもたらすこともあるわけですよね。

ある意味で、科学技術には二面性もあるわけで、なんでも好き勝手に研究すればよいというわけでもないと思います。兵器利用、安全性、環境破壊、生命倫理など、こういう内容面での制約について、研究者はどう考えているんでしょう。

相原　日本学術会議から出した指針はあります。医療の世界では生命倫理的な規範もあります。でも、実は難しい問題で、例えば、ドローンもＡＩも兵器になりうるわけです。

だからといって研究をやめるということにはなりませんよね。境界をはっきりさせることはとても難しいです。技術そのものとその使い方の問題を分けて考えることも必要で、利用の仕方を、社会的に許容される形にしていくことが必要なのだと思います。自然科学系の人と社会科学系の人あるいは哲学者の連携が重要かもしれません。

奥原　この研究の内容的制約の話は、これから、もっと重要なテーマになってくるように思いますね。

ＳＤＧｓ（持続可能な開発目標）が世の中に浸透してきていますが、これも研究にいろいろな影響を与えるのではないかと思います。ＳＤＧｓは、これまでの、資源を使い捨て、環境を破壊する経済の在り方を反省し、環境とか資源の保全と経済の発展を両立させようというのが、基本的な発想だと思います。

これからは、例えば、研究予算の配分に当たっても、これに即しているかどうかの説明を求められるようになるかもしれませんね。大体、こういう国際ルールのようなものを作るときに、日本がリーダーシップを発揮することは、ほとんどないんですね。ルールが決まってから押し付けられるんです。

日本も今は、多くの企業の方が、ＳＤＧｓのバッジをつけて、流れにのっているように見えますが、これはいずれ必ず規制の形になっていくんですよね。漁業は資源管理をしていなければ漁獲した水産物が流通できなくなるとか、プラスチックのストローは使ってはいけないとか、すでに動き始めていて、いずれいろいろなものが規制の形になっていくと思います。当然、日本経済にとって制約になるものも出てきます。

だから、日本もルールメーキングに参加して、議論をリードしていく必要があるんですが、グローバルなルールメーキングは日本の最も苦手なところで、これまで日本が勝ったことはほとんどないんですよ。

相原　ヨーロッパはこれが得意ですよね。ヨーロッパの長い歴史によるものなのでしょうね。地続きで多くの国が隣接し、戦争を繰り返してきた中で、身についてきたノウハウなんでしょう。そのノウハウが、対世界でも意味を持つようになっているのではないでしょうか。

奥原　日本は、島国だし、日本語のハンディとかいろいろありますが、本当にコミットできないんですね。

国際交渉でうまくいかないのは、農業だけではなくて、金融だってそうです。バーゼル合意（ＢＩＳ規制）に基づく金融機関の自己資本比率の規制が始まったのは、日本の銀行が外国で仕事をするのを抑制するためでしたからね。国際的な力にすごく弱いんです。

そもそも、国際社会で顔がつながっていないし、それには、頻繁な人事異動で担当者がコロコロ変わっているとか、いろいろな原因があるんですね。

日本人研究者の誇るべき国際ネットワーク

相原　研究者の世界では、日本人の国際性はずっと高いですよ。特に、自然科学の研究者の国際的なネットワークは圧倒的に強いです。それを使って、他国の研究者に「一緒にやっていこう」と声をかけていくことはできるし、日本が存在感を示すこともできます。政策とかルールメーキングの分野でも、そうならないといけないですよね。

東大法学部は、もっと国際社会に人材を送り込まなければいけないし、それには英語・フランス語等の外国語ができなければいけない。中国や韓国からはそういう人がたくさん出ているのに、日本からはあまり出ていませんね。

奥原　これは法学部の教育の問題もあるし、官庁などが、留学させた職員をその後うまく使っていないという問題もあると思いますね。

職員を一定の分野で長くやらせることが必要で、2年に1回のペースで人事異動をやっていたら、プロは育ちません。

これはタコ壺に入るということとは別の話で、従来のタコ壺は、頻繁に人事異動をやるという慣行が染みついているから、その分野の深い知識とそれ以外を含めた広い視野を併せ持ったプロがなかなか育たないんです。

人事のシステムが、最も変えにくい

相原　どんな分野でもプロになってもらわないと困るし、責任感を持ってやってもらわないと困ります。頻繁にポストが変わったら、そうはなりませんね。頻繁な人事異動は誰も責任を取らないようにするための仕組みかもしれないですよ。

どうして、これが変わらないんでしょうか。大臣が変えると言えば、変えられるんですか。

奥原　変えるには、変えようとする意思が継続しなければいけないわけですが、大臣自身が頻繁に変わっていますからね。

安倍内閣のような長期政権ならともかく、これまでの政権であれば、総理自身が頻繁に交代していますし、各省大臣はもっと頻繁に交代するわけですよ。しかも事務方トップの事務次官は1、2年で交代するわけで、これでは変えようとする意思の継続なんてできません。

変えようとする意思の継続がなければ、従来の人事慣行をそのまま維持することにしかならないんです。タコ壺にとってはそれが一番安心なんですね。

相原　官僚も、2年ぐらいのローテーションで交代させられたら、気の毒ですよね。

奥原　私は、それぞれのポストを比較的長くやったし、やった方がよいと思いますが、周囲を見ていると「早く交代したい」と思っている人も多いんです。すぐ、その仕事に飽きてしまったり、やるべきことをやらずに、次の人に先送りしたりするんですね。これでは責任ある仕事はできません。

相原　頻繁に異動しないと、上に上がっていけないということもあるんですよね。

奥原　それはやりようなんですね。確かに今の公務員制度ではやりにくい面もいろいろありますが、同じ分野に従事しながらランクを上げていく方法もあります。

頻繁に人事異動をして横に動かしていかなければいけない、それしかない、と思い込んでいるところに問題があります。特に、大した専門性を持たないと思われている文系に顕著ですね。

相原　人事のシステムを変えるのはエネルギーが必要ですね。

奥原　たぶん人事を変えるのが一番エネルギーを必要とする仕事です。既得権益みたいなものが結構隅々まであって、まさにタコ壺の話になるんです。

それぞれのタコ壺が再就職を含めてがんじがらめになっていると、少しでも変えようとすると、ものすごく抵抗するんですね。こういうことをやっていると組織も滅びるし、国も滅びてしまうということも、分からないんですね。

相原　いろいろな分野で、前例を壊していくことが必要ですね。

研究成果と経済成長の関係をどこまで問うか

奥原　これまで、研究の進め方のようなことを話してきましたが、研究成果を経済成長につなげていくためにどうするか、ということも少し考えてみたらどうでしょう。

相原　一概に研究成果を経済成長につなげると言っても、いろいろなレベルの研究があるんです。

それに、研究者には、経済成長のために研究しているつもりはないという人も多いです。

経済界からは「それが問題だ」「それでよいのか」と言われますが、これは事実なんです。加えて、研究分野ごとに経済成果に結びつくまでに時間スケールが異なります。

私の専門の素粒子物理は、すぐ経済成長に結びつくという話にはなりません。宇宙の起源が分かったからといって「何の役に立つんですか」「明日の生活が変わるのですか」、ましてや「GDPが増えますか」と聞かれれば、「それはありません」と答えるしかありません。

しかし、エネルギーの形態や起源を理解するために発展してきた素粒子物理や隣接分野が、経済と全く無関係ということでもありません。

ライフサイエンスや分子生物学の研究は、薬品の開発にもつながるので、企業の投資が急速に進んでいます。製薬業界も積極的に研究に関わっているでしょうし、逆に研究者の方から企業に働きかけることもあるでしょう。

しかし、私の知る限り、能力のある若い人たちは、本気で真理を追究したいと思っています。経済成長のため、あるいは、儲けようと思って研究を始めた人は知りません。

儲けようと思うなら、いくらでも他の方法はあるわけで、儲けるために研究者になるという人はまずいないと思います。

社会的なモチベーションは何もなく、純粋な好奇心だけで研究をしていた結果、ブレークスルーを成し遂げてしまう人が実際にいるし、そういう人もいてよいと思います。真理をひたすら追究したい人ですね。天才的な数学者とかは典型例です。もっとも、天才と変人は紙一重ですが。

奥原　確かに、研究の分野に限らず、世の中を変えるのは「若者、よそ者、馬鹿者」とか言われますよね。既成概念にとらわれないから、スティーブ・ジョブズのように革新的なことをやる人が出てくるんですよね。

研究者の評価がタコ壺ごとでよいのか

相原　研究には、研究者間の競争によって、進展が加速するという側面もあります。これは、スポーツとか芸術の世界と似ていますよね。

奥原　競争という時に、スポーツなら成績で評価するし、音楽なら観客の数などで評価できるように思いますが、研究の場合には誰がどうやって評価するんですか。

相原　研究者コミュニティが評価することになります。研究者はプロの集団なので、自分たちでそのメンバーを評価することになります。それは官庁の中だって同じことなのではないですか。

奥原　官庁の中で人事をやっているという意味ではそうですが、組織である以上、組織の中で評価して人事をやるのは当たり前ですよね。

　研究者は組織らしい組織に属しているわけではないので、官庁とは違うと思いますよ。それに、もともと、スポーツや芸術ほど、官庁の職員の間の能力差があるわけではありません。

　研究者のコミュニティで評価するという場合、そのコミュニティの単位はどういうことになるんですか。

相原　それぞれの研究分野です。

奥原　それでは、研究分野相互間でメリハリをつけるというようなことはできなくなりますよね。その分野そのものの意味がなくなってきても、存続ないし継続してしまうことになりますよね。

相原　そうなんです、そこが問題です。本当は、分野あるいはタコ壺の組み替えが必要ですが、タコ壺ごとの判断になってしまうので、組み替えが簡単にはできません。

一方で、タコ壺を取り払えという要請が、外からどんどん強くなってきています。日本では、それへの対応が難しいんです。

研究機関で持ち腐れている宝を磨く

奥原 日本の場合、現状を変えることについて理由が必要なんですよね。変える理由が説明しきれなければいけないし、変えても全く問題がないということになるまで、変えられなくなったりします。

変えようとする人に立証責任があって、しかも、それが非常に重いんです。このことは、結果的に、保守的、現状維持的な傾向を生むんですね。

本当は、現状と改革案を比べて、どちらが経済社会の実態に合っていて、うまく機能するかということを検討しなければいけないんですよ。

確かに研究にもいろいろなレベルがあると思いますが、研究成果がある程度出ているのに、研究者自身がその価値がよく分かっていなくて、その結果、その成果が死蔵されてしまうケースも多いんではないかと思います。

例えば、農林水産省系の国立研究開発法人で、農業・食品産業技術総合研究機構というところがあります。ここは、理化学研究所や産業技術総合研究所と同じくらいの人員・予算規模を持つ研究機関で、優れた研究成果もたくさんあります。

品種改良には相当の蓄積があって、現在世界で最も多く生産されているリンゴは「ふじ」なんですが、これを開発したのもここですし、ブドウの「シャインマスカット」を開発したのもここです。

品種改良のベースとなるイネ、ムギ、ダイズをはじめとする各種農作物の遺伝資源を保存・提供するジーンバンクも運営していますし、先端技術を含めて、農業・食品産業に関する研究を幅広く行っています。

ですが、実用化に結び付いていない研究成果が相当あり、世の中の知名度も高くないという問題がありました。ある意味で「宝の持ち腐れ」状態だったんです。

そこで、2018年から、理事長に、三菱電機副社長や内閣府総合科学技術・イノベーション会議議員などを歴任された久間和生さんに就任していただき、思い切った改革を進めていただいています。

トップを含めて研究者だけの組織だと、どうしても視野が狭くなって、民間企業に研究成果をつないで実用化し、経済の発展につなげていくのが難しくなるような気がします。
研究者がタコ壺意識に固まってしまうと、論文を書くことだけが目的になって、成果を世の中に活かしていこうという意識が希薄になってしまうんですね。そういう意味でも、広い視野を持ってもらうことが必要なんだと思います。

金銭的評価が行き過ぎたアメリカ

相原　大学も国立研究開発法人と、そんなには違わないように思いますね。大学の研究者も、タコ壺意識は相当強烈にありますからね。やはり、意識して、研究と社会との接点を増やしていくことが必要です。

奥原　国立研究開発法人であれば、組織体制はそれなりにできていますから、トップが変われば大きく改革していくこともできると思いますが、大学というところは、もっと改革が難しいのかもしれませんね。

相原　大学には「大学の自治」や「学問の自由」という理念がありますからね。これは、自立した精神を持つという意味で、外部からの干渉を受けずに大学の構成員自身が合議で大学を運営するという趣旨です。トップダウンの組織とは異なります。

しかし、その大学が、資金面で自立できていないのも事実です。国立大学といえども、国から充分な運営資金が配分される時代は過去のものです。社会の要請に可能な限り応えていくことによって、社会から資金を直接調達することも必要になります。

これと国からの支援を組み合わせることによって、大学全体としては、すぐに役立つかどうか分からない分野の研究も進めることが可能であると思います。少しずつですが、こういう方向に進んできています。

若い人たちはこういう形での大学運営に慣れているような気がします。若い人たちは、外国、特にアメリカの著名大学の状況をよく見ています。これが大学が変わってきた理由のひとつだと思います。

ただ、最近のアメリカは、あらゆるものを金銭で評価するということが行き過ぎている面もあるんです。このため、自分で起業して儲けることの方が幸せだという考え方の人が増えてきて、真理を探究したいというタイプの人が減ってきているんですよ。

奥原　それでは困りますよね。基礎研究をする人が少なくなってしまうのではないですか。

相原　そこは、中国人やインド人といった外国人が入ってきていて、アメリカ全体としてはバランスが取れているんだと思います。

奥原　経済状況を考えたら、中国人やインド人の方がハングリーな気がするので、少し意外な感じですね。

自分の母国における科学のイメージがまだアメリカナイズされていないから、真理を探究するという、本来の意味の科学を志向しているということかもしれませんね。インドなんか数学のできる人がたくさんいますからね。

研究と企業をつなぐ仕組みの欠如

奥原　日本の場合には、研究成果と企業による実用化をつなぐ仕組みが、すごく弱くありませんか。

研究側が企業を選んで働きかけるか、企業側が大学を選んで働きかけるか、のどちらかしかなくて、しかも、両方ともどこと接触したらよいかもよく分からないので、なかなかうまくいっていないような気がします。

これも、研究成果がうまく経済に反映されない理由ですよね。

相原 日本には、アメリカと違って、そこをつなぐシステムがないんです。このシステムを作っていくことが重要で、その道の専門家が必要ですね。自ら研究するのでもなく、自分でその技術を使うのでもないけれど、両者のことがよく分かったうえで、これを適切に結びつける仕事をするプロが必要です。

奥原 日本では、科学者といえばほとんど研究者のことを意味しますが、アメリカには多様な科学者がいるということなんですね。

相原 アメリカの科学者には、いろいろなタイプの人がいます。科学者の誰もが研究者や教授を目指しているというわけではありません。大学での教育、研究を目指していたとしても、途中から、研究と企業をつなぐような仕事に移っていくこともあります。それは社会的にも高く評価される仕事です。

日本では教授になれなければ意味がないような意識になりがちですが、そんなことはありません。そういう意味でも、アメリカは多様性があるんですね。アメリカは、ある意味徹底した分業社会で、それぞれのプロがいて連携しています。日本では、すべてのことを一人の人間がやるようなシステムが多いと思います。

奥原　一般的に、日本はそういう傾向がありますよね。

小学校の先生も、我々が子供のころは、夏休みなどもあって、かなり余裕のある仕事だったように思いますが、最近は、世の中の学校に対する要求がどんどん大きくなってきて、先生がありとあらゆることをやらざるを得なくなっている。その結果、残業時間が異常に増えて、全く余裕のない職業になっていますよね。

相原　分業の仕方は、よく考える必要があると思いますが、ベストの結果を出すには、分業は重要なことですよね。

スポーツを例にとると、アメリカンフットボールの徹底した役割分担が典型ですね。専門家の集まったチームとして、結果を出していくスポーツですね。日本では、そうなっていないので、研究者は、自分の研究もしながらマネジメントの仕事もしなければいけないし、資金集めもしなければいけない。これでは、忙しくて研究時間が短くなり、結局成果が乏しくなるんですね。

奥原　アメリカでは、どういうところが研究と実用化をつないでいるんですか。大学の中にそういう組織があるんですか。

相原　大学というよりも、一番機能している例として有名なのは、安全保障関係の研究所のようなところです。100人以上の組織を作っていて、いろいろな研究成果を実用段階につなげる仕事をしています。これが機能しています。

日本では、安全保障というと、少しハードルが高くなるかもしれませんが、何らかの形で、基礎研究と実用をつなぐ仕組みを作っていく必要があると思います。

奥原　よく調べると面白い研究をやっているんだけれど、周りは何をやっているか全く知らない、というケースもあるんです。これでは、研究成果は出ても埋もれてしまうわけですから、その研究をきちんと評価して、それを利用する可能性のある所につないであげるということは、大変重要だと思います。

逆に、意味がない研究なら、評価してやめてもらうことも必要です。日本も、これからはこういうシステムを作っていく必要がありますね。

相原　かなり前から指摘されていますが、いまだに実現していないんです。大学自身がやらなければいけないとも思いますが、人員・資金といったリソースが限られているという問題もあるので、政府主導の方がよいかもしれませんね。

奥原　なんでも、国に依存するのは良くないですね。これこそ、大学と経済界が連携してやるべき課題なのではないですかね。研究の意味が分かり、企業の経営のことも理解できる人材を養成することが、双方にとってメリットになるはずですから。

こういう仕組みがうまくできれば、ポスドク問題の解決にもつながって、人材の層を厚くすることもできるかもしれませんね。

宇宙の誕生と人類の起源――科学の本質は知的欲求

奥原　話が変わりますが、経済と関係があるかどうかは別として、科学の本質は何かということなんですが、よく科学の歴史とか地球の歴史のことを書いた本の口絵というか扉の所に、ゴーギャンの絵が載っているんですね。

「我々はどこから来たのか　我々は何者か　我々はどこへ行くのか」というタイトルだと思いますが、あれが科学の本質ですよね。

相原　そうそう、間違いなく人間の知的欲求の根源ですよね。

奥原　この本源的欲求をベースに研究する過程で様々な技術が開発されて、今日の文明社会を築いているんだと思いますが、このベースになっている部分の研究というのは、本当のところ、どこまで来ているんでしょう。

相原　宇宙と人間の歴史ということで、ごくかいつまんで言えば、我々が住んでいるこの宇宙は、138億年前にビッグバンで生まれ、現在まで拡大を続けています。

そして、星の生成・爆発・集散を繰り返して、46億年前に地球が誕生しました。このあたりは、おおよそ正しいと思われていますが、なぜビッグバンが起きたのかなど、分からないこともたくさんあります。ここが、素粒子物理の研究対象なんですね。

そして、38億年前に、地球に生命が誕生したと見られていますが、どういうプロセスで生命が誕生したかについては、いろいろな説があるものの、よく分かっていません。

最近、宇宙生物学のように、地球以外の星での生命誕生の条件を探る研究も進んでいますが、人工的に生命を発生させたこともないわけで、まだまだ未知の領域です。

地球上に発生した生命は、次第に進化して、猿人（アウストラロピテクスなど　400万から３００万年前)、原人(北京原人など　２００万から50万年前)、旧人(ネアンデルタール人　50万から30万年前)、そして新人(クロマニヨン人　20万年前)が登場しますが、宇宙・地球の歴史から見ればごく最近のことですよね。

また、その進化のプロセスがよく分かっているかと言われると、難しいものがありますね。

奥原　まだ分からないことがたくさんあるわけですね。ビッグバンがどうやって起きたかが分からないと、我々の出発点が明らかでないんですよね。生命誕生も、深海の熱水活動域だとか、宇宙から来たとか、さまざまな説があって、よく分かりませんし、そのあとの進化もよく分かりません。

麻布中学の1年生の時(１９６８年)に、生物の授業で、当時生物学の最先端だった、ワトソンとクリックのＤＮＡの二重らせんの説明を聞いて、ものすごく刺激を受けたというか、知的興奮を覚えました。

教育プロセスでは、学生に、そういう知的な刺激を与えることが一番大切なんじゃないかと思いますね。通常のカリキュラムだけではなくて、先端的な話を聞くような機会を作ることが、非常に大事だと思います。

それはともかくとして、二重らせんのような複雑な仕組みがどうやって生まれたのかという説明は聞いたことがありません。生命の発生からこの二重らせんの仕組みを作るまでのストーリーは、簡単なはずはありませんよね。ぜひ解明してほしいですね。

そして、生命体の意思というものがどこから発生したのかも、よく分かりません。

科学から派生する技術は相当発展してきたかもしれませんが、人間の知的好奇心を満たすということで言えば、まだまだやるべきことがあるということですかね。

相原　分かれば分かるほど、謎はどんどん深まるし、研究も難しくなります。場合によっては巨額の研究資金が必要になることもあります。

哲学から始まった科学、そして真理の探究

奥原　一方で、我々の将来がどうなるかについてはどうなんですか。

相原　現在、宇宙は加速膨張していることは確認できていますが、これがこれからも続くかどうかは分かっていません。膨張し続けるかもしれないし、どこかで反転して収縮していく

かもしれないんです。

いずれにしても、太陽は、50億年後には大きくなって赤色矮星となって地球を飲み込むことになると考えられています。もっとも、その前に、10億年後に、地球の表面温度が100度を超えることになって、人類は生存できなくなります。相当先の話ではありますが。

改めて強調したいのは、この夢のような話がフィクションではなくて、実証可能な科学研究のテーマになったということです。科学は確実に進歩しているのです。

奥原　こういう話は、すごく刺激的ですよね。宇宙の歴史や今後を考えていると、人間の生き方にも影響を与えますよね。

科学はもともと哲学から始まっているし、宗教とも密接な関係にあって、科学が新しい世界観・宇宙観を提示すると宗教も変わらざるを得なくなるんですよね。個人の生き方だって、いずれ人類が消滅すると考えれば、歴史に名を残すことにすら意味がないということになるんですよ。

まして、自分たちの小さなタコ壺に入って、その空気に従って、あまり合理的でもない仕事であくせくすることなんか、全く無意味になりますね。そう思うと、タコ壺から脱却して、もっと自由に、自分がやるべきだと思うことをやっていこうという気になるんではないですかね。

そういう意味でも、本当の真理の探究が今どこまで来ているかを、一般人や学生・子供に分かるように全体像を示すようなことが必要なんだと思いますよ。個人では難しいので、チームでやる必要があるかもしれませんが、誰かがこういう本をまとめて出版するといいのに、と思っています。

相原　実際には、なかなか難しい仕事でしょうね。内容も幅広いし、それを分かりやすく書くことのできる人は限られていますからね。

アインシュタインは何を予言したのか

相原　宇宙の歴史や将来とも関連しますが、宇宙の構造もよく分かっていないんですね。普通の物質はわずか4パーセントにすぎなくて、暗黒物質が23パーセント、暗黒エネルギーが73パーセントとか言われていますが、そもそもこれを言っている人もよく分かっているわけではないんですね。

分かっていないんだけれども、こういうものがあれば、我々が観測している宇宙の構造は論理的に説明できるということなんです。

暗黒物質は、各国の実験室でも20年以上探していますが、見つかりません。やはり、存在しないのではないかという人もいます。宇宙の誕生も生命の誕生も、サイエンスフィクション的な側面があります。研究しているうちに、サイエンスフィクションではなくて検証可能な科学になってくるわけです。

重力波だって、はじめはサイエンスフィクションに近いものと思われていたのですが、実際に観測されるわけですよね。

アインシュタインの相対性理論の方程式は、本当に驚くべきものです。物理学者でもそう簡単に信じられないものが、方程式で予言され、それが実際に観測されるんです。

私の素粒子物理の分野にしても、クォークという、私が学生の時は単なる空想の数学モデルだと思っていた粒子が、実在することがはっきりしたのですから、驚きです。

科学者としては、真理を追究するための研究プロジェクトを今後も進めるべきだと思います。それが、大きな研究資金を必要とするビッグサイエンスだとしても、やるべきだと思っています。

奥原　そういう巨額の資金を調達するには、国の資金であろうが民間の資金であろうが、きちんとしたストーリーを作って理解してもらうことが必要ですよね。

相原　ストーリー作りも、個人ではなく、チームでやる必要があります。一例として、「science for peace」という考え方があります。平和を維持するために、一つの国ではなくて、国際的な研究所を作って研究しようという考え方です。

例えば、ＣＥＲＮ（欧州原子核研究機構）はヨーロッパ全体で取り組んでいる研究機関です。この考えに沿った動きが、アメリカ、中国も含めて出てきています。国際的に、一緒に共通の課題の解決に取り組もうということです。

奥原　確かに、国際的に、科学的認識を統一できれば、いろいろなことがうまくいくようになりますよね。地球温暖化問題だって、国際的な共同研究によって認識が統一できれば、アメリカも反対できなくなるかもしれませんよ。

第 3 章

文系の問題は何か

理系よりもひどい文系のタコ壺

奥原　理系の方から見て、文系の問題点はどんなところにあると思いますか。

相原　理系にも文系にもタコ壺化の問題はありますが、文系分野のタコ壺は理系よりもひどいような気がします。

理系では、個人で研究をしてきたとしても、研究者間の交流の結果、新たな研究課題を共同で設定することはしばしば起こります。国内外の大勢の研究者がチームを組んで、共通の課題に取り組む国際共同グループ研究も盛んです。理系では、共同研究の方が個人研究より多いかもしれません。

さらに、自分の研究と全然関係のない分野の人と話すことで、新たなテーマが設定できたり、新しいヒントを得たり、いわば他流試合によって研究の新たな展開があるという成功体験もあります。タコ壺から出ることで転機が訪れる訳です。

文系の場合、もともと個人研究が主流だと思いますが、積極的にチーム研究、共同研究を進めて、新たな研究を展開することがもっとあってもよいと思いますね。もちろん、社会科学・人文科学系の学部も変わってきていて、タコ壺ではいけないという意識は出てきているとは思います。例えば、経済学部は、金融工学など社会からの要請を強く意識した教育を進めていますし、法学部も社会の国際化・グローバル化に対応した教育を強化しています。

奥原　これだけ経済のグローバル化が進めば、一国で独自の法制度を持つことに意味はなくなっていきますからね。

国際的に通用する法制度でなければいけないし、新たな国際ルールの設定にも積極的に絡んでいかなければならないわけですから、当然ですよね。特に、新たな国際ルールの設定は、その内容次第で、日本経済にも大きな影響を与えるわけで、大変重要な問題です。

しかし、金融の自己資本比率規制などもそうですが、グローバルなルールメーキングが日本は本当に苦手なんですよね。

相原　先日も東大で外部アドバイザーの会議がありましたが、その時、経済界の方が「日本は、課題を設定して、シナリオを描いて、ルールを作っていくということができない。民間もできないし、政治も官庁もできていない」と言われていましたね。国際会議に行っても、日本の存在感は全くないと言うのですよよ。

こういうルールを作りたい、ルールのここをこう直したい、という提案が全くないので、話に入れない。重要な委員会のメンバーにすら入れてもらえないんですね。

国際会議で孤立する日本人

奥原　本当にそう思いますね。官庁が2年ごとに人事異動をやって、国際会議に出席する人が替われば、国際社会のメンバーと顔がつながっているという状態にはならないんですよ。人事のインターバルをもっと長くする、ポストが替わっても同じ人がその国際会議に出席し続けるようにする、といった工夫をしていかなければいけません。むしろ、大学の研究者とか民間の人が、国際会議に継続して出ていく方がよいかもしれません。

相原　国際会議に官庁の審議官クラスの人が出席したりしますが、顔がつながっていないし、話す中身がないし、言葉もできなくて、何のために来たか分からない、なんていうケースも多いですね。

奥原　国際会議は、マフィアの一員として認知されて、会議の過去の経緯やその回の複数のテーマの相互関係を分かったうえで、前向きな発言ができなければ、議論をリードすることはできませんよね。
もっとも、これは国内の会議だって同じことで、日本の中でもきちんとかみ合った議論をする「会議らしい会議」がほとんど行われていないのではないかと思います。事前根回しを終えて承認するだけのシャンシャン大会のような会議は、会議という名に値しませんし、議論の訓練にもなりません。こんなことだから、国際会議でどうしたらよいかも分からないんですよ。

相原　日本人が国際会議で、「こういうルールを作りましょう」と言うことはほとんどない。「日本は10年後、20年後にここを目指します」ということすら言えない。せいぜい「日本は今こんなことをやっています」といったことしか言わない。これでは存在感どころか、叩かれて帰ってくることになってしまうんですよ。

奥原　かつて、ワシントン条約（絶滅のおそれのある野生動植物の種の国際取引に関する条約）の締約国会議（２０１０年3月）で、資源状態が悪化しているクロマグロを取引規制の対象にするかどうかが議論になったことがあって、この時はマスコミの予想を覆して、日本の主張が通ったことがありました。

この方面の国際交渉は、理系の本当にプロと言える水産庁の職員が、長年にわたって交渉を担当してきていたから、うまくいったんですよ。

やはり、その分野を人間関係を含めて深く知り尽くしていることが重要で、文系でしかも頻繁にポストが替わるような職員では、うまくいかないんです。これは国際交渉に限らず、国内の政策改革などでも全く同じことです。今の時代、本当のプロにならなければ、仕事にならないんです。

相原　官庁の人事システムが時代遅れで、問題があるということなんですよね。行政官も、もっと専門分野に精通させたうえで、視野を広げ、また交渉能力を高めるようなトレーニングが必要なのではないですか。

奥原　官庁の人事は、高等文官試験（高文）から始まる長い歴史があるんですよ。それ以前の、江戸時代の武士の教養も、基本的には文系ですよね。この前例を踏襲しているから、理系の職員をたくさん採用していても、局長クラスの幹部のほとんどは文系といったことになるんですね。

明治維新の大きなポイントは、幕藩体制の身分秩序の下で埋もれていた有能な人材を中枢に登用したことにあると思いますが、タコ壺を尊重した前例踏襲の人事は幕藩体制と同じことかもしれません。有能な職員を育て、その能力を最大限に活かすような人事をすることが、その組織にとっても日本全体にとっても重要なんだと思います。

文系中心の人事はなぜ成立したか

相原　さらに言えば、何でも国が指示してくれるのを待つ、国中心の社会システムも問題ですよね。

奥原　明治維新の後、そして太平洋戦争の後、欧米にキャッチアップするために、法律の形で欧米の制度を導入したことが、文系中心の人事の背景だと思いますし、国中心のシステムの背景でもあるんだと思います。

野口悠紀雄さんが『戦後経済史』（東洋経済新報社）という本の中で、日本が戦後、高度経済成長を実現したのは、戦争中に作った国家総動員の仕組みが経済復興に役に立っただけなんだ、という趣旨のことを言われていますが、私もそのとおりだと思いますね。

結局、国から言われたこと、業界団体の上部から言われたことをやる、という風潮は、敗戦後も何も変わらず、深く定着していると思います。
先進国に追いつくまではそれでよくても、今のように最先端に一応いながら、今後どうしていくかを考えるときには、これまでのシステムでは対応できないんですね。だから、この問題はものすごく根が深い問題だと思います。

相原　民間の方から「今の状況はこうだから、制度のここをこう直す必要がありますよ」という声がどんどん出てきて、行政の方もそれを受け止めて、いろいろな仕組みを迅速に直していく、成長の足かせになっているものを取り払っていく、ということをまじめに考えないといけませんね。

奥原　そのとおりだと思いますね。技術・経済・社会などが変化すれば、それまでのルールを見直す必要が生じたり、新しいルールを作ったりする必要が出てきます。これができなければ、新しい技術を円滑に活用していくことができなくなったり、経済の発展の足を引っ張ったりすることになるんですね。
古い規制が不要になることもあれば、新しい規制が必要になることもあります。ですから、民間の方も、常にルールをどう変えていくか、積極的に提案していくことも必要ですし、行政の方も、世の中の動向を的確に把握し、それに合わせて現行制度の問題点やその改善策を考え、迅速・確実に実行していかなければいけないんですよ。これが、今の行政の体制だと、なかなか難しいんですね。

法律改正のハードルが高すぎる

相原 どこに問題があるんですか。

奥原 法律は一度できると改正するまで生き続けるわけで、「時代の変化に合わせて変えていこう」という意思を相当強く持たないと、時代に合わせた制度改正は実現できません。その理由は、法律改正のハードルが高いということなんです。

まず、事務的なことから言えば、条文を作るのは結構大変な作業なんです。省内でも法令審査を受けて何度も条文を作り直す作業をしますが、国会に提出するまでには、内閣法制局の審査を受けなければなりません。

ここでは、前例となる法律があるかどうか、あればそれと整合性が取れているか、用語の使い方は適切かなど、時間をかけて一字一句緻密な審査が行われます。この審査が緻密すぎると、前例のない新しい制度を作ろうとするときには、大きな制約要因になってしまう可能性もあります。ですから、条文を完成させるのに、ものすごく長い時間がかかることになるんですね。

さらに面倒なのは、調整です。省内の調整においても、いろいろな部局にいろいろな人がいて、前向きな政策を進めようと積極的に協力してくれる人もいますが、自分の部局は関係ないとか、自分の部局に影響しない仕組みにしてくれとかいうタコ壺意識の人もいます。

そして、既得権を持っている勢力や業界との調整、国会議員との調整になると、もっと難しくなるんです。

選挙というのは、基本的に既得権を持っている勢力に有利に働く仕組みなんです。そういう勢力は、選挙の時に集票マシンとなることによって、自分の権益を政治的に守ろうとするわけです。その勢力の集票機能が実際には落ちてきても、選挙結果に確信が持てない候補者は、これに依存することになるんですね。この点は、与党議員であろうと野党議員であろうと、基本的には変わりません。

ですから、国会提出前の与党の調整プロセスも大変ですし、これが終わったと思ったら、国会の法案審議で野党との調整が大変になるんです。特に、与党の了承が得られないと、政府が国会に法案を出すことはできない仕組みになっていますし、与党での議論は国会での議論とは違って、正式な議事録が作成されるわけでもありません。

場合によっては、既得権擁護丸出しの意見を行政にぶつけてくる人もいるので、本当に激しい議論になることもあります。そして、国会では野党を含めた議論になるのですが、往々にして、経済社会の実態に即した議論を行うのでなく、与野党間の政争のようなことになったりします。

そのことを背景に、与党から政府に対して「提出法案を少なくするように」という要請がなされることもあります。ですから、難しい法改正になると思えば、担当局長・担当課長といった責任者は、そういう仕事にしり込みすることになるんです。

その分野の専門家として、それが本当に世の中にとって必要な改正であると思えば、やらないわけにいかないはずなんですけどね。

相原　思った以上に大変なんですね。

専門分野を持たない文系の悲劇

奥原　それと、これがより重要なポイントだと思いますが、法改正が必要となるのは、科学技術の発展など、世の中が変化して、従来の法律ではこれに対処するのが難しくなっているからなんです。

経済社会を発展させるには、科学技術を含めた世の中の動向をきちんと把握したうえで、できれば、先手を打つ形で、新しいシステムを作っていくことが必要です。少なくとも、従来のシステムが発展の足を引っ張るようなことにならないようにしなければなりません。

要するに、大切なのは、課題を設定し、それを解決する新しいシステムを構築していくことなんです。

これがなければ、先ほど言った条文の作成や関係者との調整といった作業に入れないいんです。これは、その分野について深い知見を持っていないとできないことですが、頻繁に人事異動をやっていれば、こういう人材を養成することも難しくなります。

さらに、科学技術に関連する分野であれば、文系だけでは十分に対応することが難しく、文系理系が、対等の立場で連携・協力していかなければいけません。このためには、文系も科学や技術をある程度理解できることが必要ですし、何よりも文系優位の発想を捨て去ることが必要です。

相原　文系職員に専門分野を持たせないようにしていることにも、問題があるんでしょうね。どの分野でもプロは必要で、行政官だって、プロとなるように育てなければいけないですよね。プロになってもらえれば、文系とか理系とかどうでもよいわけですよ。

そもそも、大学の教育はわずか4年間なので、大学の教育より卒業後の勉強の方がはるかに重要なんです。だから、官庁も、採用してからもっと教育訓練することが必要なのではないですか。

奥原　文系職員は、頻繁にポストを替えて、ゼネラリストとして育てるみたいな風潮が強烈にあるんです。文系の職員自身がそういう意識を持っていて、文系の方が理系より上だとか、文系はどんなポストに就いてもすぐ仕事ができるはずだとか、非常に誤った認識を持っている人も多いんです。

本当のゼネラリストというのは、全体を見渡してメリハリのついた大局的な判断ができる人のことをいうと思いますが、官庁のゼネラリストというのは、自分の専門分野を持たない、なんでも屋みたいなイメージなんですね。

専門分野を深めてその分野の全体像を的確にとらえることができるようになった人は、そのノウハウを応用して、他の分野でも全体をきちんと見ることができるようになります。ですから、文系か理系かということは、本来の意味でのゼネラリストとは関係がないように思います。

相原　それは、研究においても同様です。一つの専門を究めると他の分野も見渡せるようになります。学生には専門ばかになることを恐れるなと言っています。専門ばかというのは、プロフェッショナルのことだと思います。

世の中はどの分野も複雑で難しくなっていますから、素人があるポストに就けばすぐ仕事ができるなんていうのは、幻想ではないでしょうか。民間企業でそんなことをやっていたら、会社は潰れますよね。

日本の官庁は、親方日の丸で潰れないと思っているから、危機感が足りないんだと思いますね。

海外を経験しても、タコ壺の慣行に染まるわけ

奥原　日本は、民間についても大学についても、似たような状況なんじゃないですか。いざとなれば国が助けてくれるのではないか、といった甘えがかなりあるように思いますよ。

相原　一度外国で暮らしてみれば、日本との違いを感じるはずですよね。その意味で、行政官にも、外から日本を眺める機会をもっと与えることが重要ではないですか。

奥原　官庁も、外国に留学生はたくさん送っていますし、大使館などの在外公館にも相当な人数を送り出しています。だから、外国から日本を見たという経験は、かなりの人が持っているんですが、日本に戻ってきたら、忘れるのか、日本の流儀に従った方が得だと思うのか、よく分かりませんが、元の木阿弥で、在外経験がほとんど活かせていないんです。

多分、後者で、自分の属するタコ壺の慣行に従っている方が楽だし、人事面でも得なのではないか、退官後も面倒を見てもらえるのではないか、という期待を持っているからなんだろうと思いますね。要するに、終身雇用だからタコ壺の空気を読んで生きていく、その空気にはチャレンジしない、ということです。

相原　これでは、日本は負け組になってしまいますよね。これが問題だということに気が付いている人は、たくさんいると思います。「ダメで、もともと」と思いながらチャレンジしていくしかないと思いますが、実際には、なかなか行動しないんですよね。

多分、そういう精神を、大学を含めた教育の中で、トレーニングしてこなかったんですね。

奥原　私の経験では、法学部では、世の中の実態を踏まえて、法律をどう作っていくかとか、どう改正するかといったトレーニングは、ほとんどなかったですね。役所に入って、法律改正の担当者になってから、必要に迫られて、自分で一から勉強したということなんですね。

条文作成の技術についても、内閣法制局関係者の書いた「法令用語の基礎知識」とか「ワークブック法制執務」といった本を、隅々まで、そして何度も何度も、読みながらマスターしていったんです。

相原　まあ、そういうことを自分で学習できるように育てているなら、法学部の教育も成功していると言えるかもしれないですよ。

自然科学の世界だって、これだけ研究が進んできていると、全体としては相当な知識量になります。これを全部教えるなんていうことは不可能です。その必要もありません。学生に効率よくポイントになる知識を与えて、いかに早く、世界の最先端研究まで持っていけるか、というのが勝負ですね。本当に必要な基礎知識だけを教えて、あとは自分で勉強しなさい、ということです。そこは法学部も同じなのではないですか。

奥原　内閣に法案提出権がある日本では、行政官が実際上ルールメーキングの実務を担うわけですし、これからは、国際的なルールメーキングに参加することも増えてくると思います。この時に大事なことは、実態を踏まえて、どういう制度を作れば課題を解決できるか、目的を達成できるかということなんです。

このためには、法学部の中で完結するのでなく、経済界の実務担当者、技術者、行政官といった人たちと連携しながら、研究し、教育をしていくことが必要だと思います。

そして、作ったルールは、解釈の幅が大きくなるようなものでは困るんですね。解釈の幅がないように、分かりやすい条文を作るというのも、重要な技術なんです。

法律の個別ケースへの当てはめは、疑義があれば、最終的には司法の世界で扱うことになりますが、解釈の幅が小さければ、司法に行かずに実際上決着がつくわけで、社会的にはこの方がはるかに効率的です。日本は、アメリカのような訴訟社会にはなれない国なんだと思いますね。

こういうことを考えると、法学部教育の在り方はもっと考えるべきだと思いますよ。最近、アジア諸国の法整備に日本が協力するような話も出ていて、これは悪い話ではないと思います。日本と同様のシステムが導入されれば、日本企業がその国で活動するのもやりやすくなるという側面もあるでしょう。

しかし、これは、日本のルールの輸出というだけで、国際的なルールメーキングの話とは異なります。国際的なルールメーキングを含めて新しい時代に対応するルールを、社会の変化の原動力となっている技術の専門家やそれを活用しようとしている企業の関係者などと連携しながら、考えて提案していくようなことができる人材を育てることが、何よりも重要なのではないかと思います。

官庁人事で文系が優位に立つ理由

相原　世の中が変化するときに、それに対応していける人間がどれだけいるか、というのがその国の国力なんだと思いますね。

情報化・ＩＴ・ＡＩ、こういった変化が同時にかつ急速に進んでいるわけですが、こういう事態は世界中の誰も経験したことはないわけですよ。だから、変化への対応は、自分で考えてやってみるしかないんですね。これができなければ、国といえども潰れてしまうかもしれないんですよ。官僚組織も、これに対応する力をきちんと持ってもらわないといけませんよね。

奥原　民間は、業績が数字で見えるから危機感が出てくるんですが、官庁は、数字がないんで、危機感が生まれにくいんです。だからこそ、官庁の職員は、もっと高い問題意識を持って考えてもらわないといけないと思いますよ。

最近、政治家と役人の関係もいろいろ取りざたされていますが、官庁に影響力を持ついわゆる族議員のなかには、自分の言うことを聞いてくれる役人が一番都合がいいと思っている政治家も多いんですよね。

役人は、自分の意見など持たずに、「はいはい」と言って、政治家の言うことを聞いてくれる方がよい、そういう意味で、専門分野も持たない、深い知識もない文系の方が理系よりも都合が良い、こう思っている政治家も結構いるように思います。これが、官庁の人事で、文系が優位に立つ理由の一つでもあると思います。

でも、政治家と行政官の関係は、もっと緊張感のあるものでなければいけないと思いますね。政治家は選挙で選ばれるわけで、選挙を通じて政治責任を取るわけですが、選挙を通じて有権者、特に集票力のある既得権団体等の影響も強く受けます。

一方で、行政官は、選挙の洗礼は受けませんが、選挙と関係ないがゆえに、将来の日本の発展なり国民生活の安定につながる政策を、冷静にかつ客観的に立案して提起することができるはずで、それこそが行政官の役割なんだと思います。

そういう意味で、行政官は政治家に従属するのではなく、政治家に積極的に提案していかなければいけませんし、国の将来を真剣に考えている心ある政治家と行政官がうまく連携して、法改正なり政策なりを進めていかなければいけないと思います。

減点主義を捨て、挑戦に加点する

相原　外国でも、政治家と行政官の関係は似たようなものではないのですか。

奥原　そうかもしれませんが、日本の場合には、国が細かいことまでやっていますから、影響が大きいんですね。

相原　アメリカ人は、基本的に個人主義だから、国には口出ししてほしくないという意識が強いですよね。個人主義で徹底した自己責任という感覚だから、シリコンバレーでも、失敗する人は多いけれどチャレンジするんですよ。

もちろん、失敗の方が多いんだけれども、失敗したこともその人のキャリアとして認められるんですね。何もしなかったわけではないので、失敗も次への糧になるんです。こういうところが、日本と違うところですね。

何かに挑戦したということがその人の評価につながっていかないと、イノベーションは起こりにくいと思います。

奥原　日本の組織は、減点主義のところが多いですからね。これでは、何もしない方がよい、という雰囲気になってしまいますよね。

私は人事担当をしているときに、仕事に前向きに挑戦する姿勢が一番大事なので、「向こう傷は問わない」と、ずっと言っていたんですが、こういうことを組織として言い続けていないと、すぐ事なかれ主義になってしまいます。

自分の属するタコ壺の空気に従うのが一番有利なんだと思うと、自分だけが突出して前向きな取り組みをしようとは思わなくなるんですね。

相原　日本の終身雇用のタコ壺に入ると、失敗してタコ壺から排除されたら、その人自身が否定されて路頭に迷うことになりかねない。まるで、人生の敗北者みたいになるんですね。これでは、有能な人材を活かすことはできなくなって、組織としての力を弱めることになるんじゃないでしょうか。言い換えれば、日本は単線系の社会で、昇進ルートが一本道で、多様性がないということですかね。

奥原　やはり、文系理系意識から始まるタコ壺主義の問題ですね。人に枠をはめたり、自分の領域を狭く限定したりすることをやめて、もっと他分野のことも勉強し、連携することを考えていかなければいけないと思います。

相原　もう今までのやり方では、日本はやっていけなくなりますね。世界で勝てるものを生み出さなければいけない。でも、自分の周りにその手本になるものは何もない、というのが今の時代なんですから。白紙に新しい絵を描いていかなければいけないんです。そのためには、自由に発想できる人材とそれを支援する仕組みが必要です。

奥原　欧米に追い付くモデルは機能しなくなって久しいはずなんですが、有効な手は打たれてきていないと思います。国民に染み付いた意識やそれに起因する組織の慣行が問題である以上、多くの国民の意識が変わらないと、事態は打開できないんでしょうね。

それには、まず、それぞれの組織のトップ層が、確固たる意思をもって、タコ壺意識からの脱却を進めていくしかないのではないでしょうか。トップ層がタコ壺意識から脱却できないのであれば、どうにもなりませんね。その組織に将来はないということだと思います。

「考えない若手」が「考える幹部」になるはずがない

相原　最近の学生は、かなりマインドが変わってきているように見えます。ある意味個人主義で、あまり大きなことは言わない、例えば「社会を変えたい」というようなことは言わない。

社会はともかく、自分が幸せであればよいという考えの人も多くなっているような気がします。必ずしも悪いことではないかもしれないですが。

奥原　官庁の若い職員を見ていても、そういう傾向はありますよね。私は、人事担当の時に、時々、若手職員を10人くらい集めて、ランチミーティングをやって、自由に意見を言ってもらっていました。そこで出てくる話は、政策のこともありますが、圧倒的に多かったのは、いわゆる働き方改革のような話なんです。

確かに、官庁の仕事の仕方は非効率なことが多いのも事実です。なかには、幹部職員が少し工夫するだけで改善できるものもかなりあるので、そういうものは話を聞くたびに改善していました。

ただ、若手職員にとって負担の重い国会関係の仕事は、国会側の対応がないと改善できません。国会答弁するのは大臣や局長ですが、その準備のために、若手職員は議員に質問を聴取しに行ったり、それを踏まえて答弁書の案を作って幹部の決裁をとったり、大臣に答弁書を説明した際の修正指示に直ちに対応したりしており、夜遅くまで、そして翌日も朝早くから仕事をしているんですね。

国会以外の仕事でも、各省に共通のものは、自分の省庁だけで改善できないので、政府全体としての取り組みが必要になります。官庁で若手の退職者が増えている背景には、こういう無駄な仕事ぶりもあるので、どんどん変えていかなければいけないと思います。

ただ、政策について、こうしたいとか、こうすべきだという意見が多くないのは、やはり寂しいですね。若手だから、まだ問題意識が整理されていないということはあるかもしれませんが、若いうちから、自分の頭で考えて蓄積していくことが大事なんだと思います。

若いうちから考えていない人は、幹部になっていきなり考えることはできないと思いますし、こういう人は幹部にするべきではありません。

「大変なポストは敬遠したい」の真相

相原　一方で、自分の生活が安定しないと、世の中を変えることはできないということも事実ですよね。優秀な行政官の給与水準をもっと上げてもよいのではないですか。

きちんと前向きな仕事をしている人には、メリハリをつけて、それなりの報酬を払うことも考えなければいけませんね。プロの仕事というのは、そういうものだと思いますよ。

奥原　最近は、霞が関でも、能力評価・業績評価の仕組みも導入されて、以前に比べれば、メリハリはつくようにはなりましたが、十分なメリハリとは言えませんね。

タコ壺の慣行は同期入省者を平等に扱うことが基本で、ポストには差がついても、給与の差は大したことはありません。コスト・パフォーマンスの点から言えば、難しい大変なポストには就かない方が有利ということになってしまいます。

公務員制度の下で、給与のランクはポストごとにかなり厳格に決まっていて、そのポストの大変さがその時々の状況によって変わるにもかかわらず、給与ランクを簡単に動かすことはできません。

この仕組みを前提にすると、結局、ポストを異動させることで、処遇を改善していくことになるわけですよ。これも人事ローテーションが早くなる原因の一つです。こういった公務員制度については、検討する必要があると思いますね。

相原　世の中を前進させるには、そういうモチベーションを強く持たせる工夫をしないといけないですよね。それには、報酬とか対価は必須です。研究者の世界でも、最初は、タダ働きでも頑張って仕事をするんですが、これでは長くは続きません。やはり、仕事に見合う報酬を用意することが必要です。昔のような精神論ではすみません。

巨大プロジェクトを実現するには

奥原 相原さんは、リニアコライダー（超高エネルギーの電子・陽電子の衝突実験を行うための次世代の直線型衝突加速器）の建設計画の予算獲得に向けて、官庁とも折衝したと思いますが、その時の印象はどんな感じですか。

相原 税金を原資とする予算を配分する以上、官庁側にも大きな責任があるわけで、これで世の中の役に立つのかと問うのも当然だと思います。こちらが「役に立つ」という説明をしても、それを鵜呑みにせずに、疑うのも当然だと思います。経済全体のパイが大きくならなくなったときに、厳しくなるのも当然です。だから、官庁の文系の人が言っていることがおかしいというわけではありません。

こちらも嘘を言う気はないので、「絶対効果が出るのか」と言われれば、「やってみなければ分からない」としか答えられません。本当のことを言えば、科学研究は、やる前から答えや効果が分かっているのであれば、あえて苦労してやる必要はないんですね。科学研究で、最も重要なのは、未知の現象やアイデアの発見ですから。

科学は夢の探究です。夢に向かって研究することが、社会に直接役に立つ各種の技術を生んできたのも事実です。この点が、なかなか理解してもらえないですね。

折衝の現場では「ノーベル賞一つとるのにいくらかかるんですか」「この研究は、いつ役に立つのですか」とか言われます。

科学研究、特に基礎研究を進めることができるかは、必要な財源の問題はあるにせよ、結局、その夢に国民が共感できるか、ということにかかっていると思います。

奥原　そういう意味では、一般国民に理解してもらうことが必要で、それにはまずマスコミにきちんと書いてもらう努力が必要ですね。

相原　研究者には、そこのトレーニングが欠けているんですね。正直と言えば正直なんですが、「役に立ちませんよ」なんて簡単に言ってしまう研究者もたくさんいます。でも、これを言ったらおしまいで、マスコミもネガティブに書きますし、官庁も予算のつけようがなくなります。

すぐかどうかはともかく、必ず役に立つし、そう確信していることが大切だと思います。リニアコライダーについても、日本の民間企業の技術がこの40年くらいの間に非常に進んで、機器の性能も高くなって、実験に必要な加速器を建設できる水準にまで来ているからこそ、このプロジェクトを日本でやらないかという声があがるわけです。

プロジェクトが動けば、日本企業に資金が回ることになるし、これを通じて、日本の技術はさらに発展することになるわけですね。

奥原 そうすると、結局は、財源があるかどうかだけですか。

相原 そのために「国際的な研究として進め、資金の半分は外国から調達する」と提案しています。もちろん、外国との折衝は進んでいるのかと聞かれます。予算を配分する立場の人としては、極めて正しい発言だと思いますが、日本が自らある程度資金を出すことを明示しないで、外国に資金拠出を先に約束させることはたいへん難しいです。

国際社会でリーダーシップを発揮するには、能力と覚悟の両方が必要です。

一律減額はタコ壺を前提とする仕組み

奥原　リニアコライダーほどの巨額プロジェクトになると、一つの官庁の予算の中では対応できないですよ。予算編成にはシーリング（概算要求基準）があって、「裁量的経費については各省一律に削減」というルールですから、担当官庁がこのプロジェクトに予算をつけたら、その官庁の他の部門の予算を大幅に減額することになって、大騒ぎになりますよね。

　そもそも、シーリングそのものが、各省のバランスを考えた、ある意味でタコ壺をベースとする仕組みなんです。一律減額なら、タコ壺とタコ壺の間でもめたりしないわけですよ。他のタコ壺も同じように減額だから仕方がない、といって納得するんですね。

　ですが、これでは、これから伸びるところと伸びないところのメリハリはつけにくいわけです。ということになると、国の資金をもらいたいのであれば、各省の枠を超えて、政府全体、具体的には官邸で判断してもらうしかなくなるんですね。

相原　素粒子物理のように宇宙の誕生に関する研究について、民間のスポンサーを探すのは難しいです。量子コンピューターのように経済ベースに乗る可能性があると思えば、例えばグーグルが巨額の資金を投じて自ら開発しようとするわけです。宇宙の誕生の研究は、そうはいきません。

リニアコライダーは、建設にお金も時間もかかる国際巨大プロジェクトです。

あきらめてしまうのは簡単ですが、その時は二度とこのプロジェクトを日本で立ち上げることはできなくなると思います。

日本の素粒子物理が次世代にさらに発展していくためには粘り強くやっていくしかないと思っています。

奥原 現実的には、外国からの資金を確実に確保するということですかね。

相原 この交渉は、研究者だけではできず、研究者と行政官が参加した国際交渉になります。日本からも担当官庁の人に交渉の場に行ってもらうんですけれども、資金の話については何も発言できないんです。

例えば、ドイツだと科学技術省のようなところの行政官が出て資金の話もするんですが、日本の行政官は、権限がないから「やります」なんて言えないので黙っています。

外国は責任ある立場の人が来て、自分の権限で判断していくんですが、日本は「持ち帰って検討する」となるわけです。これでは、議論をリードするどころか、議論のテーブルにもつけません。

スピード感はないし、これでグローバルスタンダードを有利に作るなんて、夢のまた夢だと思います。

研究者は、国際会議に出席する機会が多々あって、否応なく議論の場に放り込まれます。そこで発言しないのは存在しないのと同じだということを身にしみて感じます。

文系にはこれまで、そういう機会があまりなかったんでしょうか。国内だけで、真面目にやっていれば、自分から何も言わなくても周囲は分かってくれるはず、という意識だったんだと思いますが、グローバル化の中で、そういう時代はとっくに終わっています。国際社会では「忖度」なんてしてくれません。

官庁のような文系中心の組織も、そういうところを変えていかないと、本当に立ち行かなくなるのではないでしょうか。

決定権の見えない無責任体制

奥原　民間企業なら、社長が5年くらいはやるのが普通でしょうから、社長が本気で変えようと思えば変えられると思いますが、官庁はトップがコロコロ代わっているので難しいですよね。

トップが代わるということは、新しい方針を定着させることができず、結果として、従来の慣行がそのまま維持されるということを意味します。タコ壺ごとの論理がそのまま残るわけですね。

また、官庁の場合、幹部職員になっても、権限がどこまであるかが、よく分からないこともあります。所掌範囲は決まっていますが、重要なテーマになるほど、自分一人では決められなくなります。

大臣をはじめとする上司の了解は、組織である以上、当然必要ですが、それだけではなくて、与党の幹部議員の了解が必要なこともあります。法的な権限はなくても、了解なしにやると、後で大変なことになるんですね。

予算に絡む話なら、財務省の了解も必要になります。これでは国際会議に出ていって、臨機応変の対応をとることは非常に難しくなります。

多くの関係者の了解がないと何もできないというのは、一種の無責任体制で、本当のところ、誰に決定権があったのかもよく見えなくなります。審議会にかけて決定するというのも、その一種で、行政が自分で責任を持って判断することを回避しているんです。多くの場合、審議会のシナリオは行政が書いているのに、「審議会がこう言ったからこうします」という説明をするんですね。審議会を一種の隠れ蓑として使うんです。

しかも、多くの審議会は全会一致方式で運営されていますから、メンバーに利害関係者が入っていれば、既得権を損なうようなことはできなくなります。専門家の意見を聞く必要があるときに聞くことは当然ですが、意見を聞いたうえで、行政が責任を持って判断することを徹底することが必要です。

あらゆることについて、責任者を明確にし、責任を自覚して仕事をしてもらわなければいけないと思います。

相原　そういう行政官と研究者が一緒に国際会議に行けば、日本に有利な結論に導くこともできるようになると思います。

奥原　行政が国の発展に本当に貢献していくためには、終身雇用・年功序列・短期異動・文系優位のタコ壺のシステムを変えていく必要がありますね。

グローバル化が進む時代の社会科学のあり方

相原　自然科学は、真理の探究がその本質だと思いますが、社会科学の本質はどう考えたらいいんでしょうかね。

奥原　どの学問までが「社会科学」と言えるのかは、よく分からないところもありますが、真理の探究ということではないですよね。

本質かどうかとは別の話かもしれませんが、社会科学について大切なことは、歴史から学ぶ、外国から学ぶ、他分野から学ぶ、世の中の実態から学ぶ、ということではないでしょうか。

自然界にもともと存在しているものの法則を追究する自然科学と違って、人間の行為を研究対象にする以上、時間的・地理的に限定された人間の行為だけを見ていては、今後のあるべき姿が見いだせないのではないかと思います。

過去にどうだったかとか、外国ではどうかとか、比較をしながら、発想を豊かにしていくことが必要なのではないでしょうか。

特に、グローバル化が進んだ現代社会で、経済学なり法学の今後の在り方を考えるには、国際性・多様性が不可欠だと思いますね。

第　4　章

文系・理系共通に必要な数学力と語学力

論理的思考力を鍛える数学

相原　文系でも理系でも、社会人になって絶対に必要なのは数学力と語学力です。自分の頭できちんと論理的に考えて、これを他人が分かる形で説明する。これはどんな職業でも重要です。そのためには、数学力と語学力が必要です。

奥原　40年近く行政官として仕事をしましたけれど、学生時代の勉強で仕事に一番役に立ったのは数学なんだと思いますね。

ここで言う数学は、計算でも公式の記憶でもなく、論理的な思考の訓練ということです。客観的な条件を整理して、そこから問題点を把握し、切り口を見つけて、解決策を考えだすという、論理的なプロセスは、行政官が新しい政策を作ったり、法改正をしたりするときに必須です。

歴史のように知識を得る科目は、社会人になってもいくらでも勉強できますが、数学の論理的思考力の訓練は、若いうちに徹底してやっておかないとダメなんだと思いますね。

時々、論理的思考力はすごく高いのに、数学は苦手だったという人がいますが、その人の中学・高校の数学の先生の教え方がよほど悪かったんだろうと思ってしまいますね。こういう人がいるということは、数学でなくても論理的思考力を身につけることはできるということでもあるんですが、これを身につけるのに最も効果的なのは数学だと思います。

相原 数学も語学の一種で、数字を使って論理を組み立てて説明すれば、誰でも誤解なく理解することができるんです。最も明確な形で伝えることができる言語が、数学なんですね。

奥原 高校時代、私も相原さんも、Z会の通信添削をやっていましたが、あそこの数学の問題は良問・難問が多くて、2、3日考え続けないと解けないこともよくありました。二人でうんうん唸っていた問題について、突然夜中に相原さんから電話がかかってきて「解けたぞ」と言われたこともありましたよ。

相原 そんなこともありましたね。ああでもない、こうでもないと、解決のための切り口を考え続けるということがトレーニングになるんですね。

奥原 しかも、解決するにしても、いかに簡単な方法で解決するかということも重要なんですね。幾何なんて、補助線の引き方次第で、ものすごく簡単に解決できることもありますよね。補助線をどこにするかということが問題への切り口なんで、このアプローチの仕方が非常に重要なんですね。

ガウスの小学校時代の逸話で、「１から１００までの数をすべて加算せよ」という課題を与えられたときに、彼は、これを順番に計算するのでなく、両端の１と１００の和、両端から2番目の2と99の和、両端から3番目の3と98の和がいずれも１０１になること、また、こういう組み合わせが１００個の数の半分である50組できることに着目して、１０１×50＝５０５０という答えを、瞬時に導き出した、という話があります。

いまなら、ガウスでなくても思いつく人はたくさんいるでしょうが、地道に計算しなくても、構造とか関連性とかに着目すれば、よりスマートに解決できるという典型例です。

しかも、計算するだけでは計算間違いもあるかもしれないので、５０５０という答えを聞いた人はそれが正しいかどうか確信が持てませんが、ガウスの方法なら、このやり方を説明することで、５０５０が正しいということを信じてもらえるわけです。

世の中に説明して多くの人に理解してもらうためには、こういう分かりやすい論理が必要ということでもあります。スマートな解決法を模索するということは、物事の本質に迫るということでもあるわけで、こういうトレーニングが、理系だけでなく、文系でも必要なんですね。

統計学を知らない人がつくるデータ

奥原　数学は、共通のルールに則ってやっているから、全員が合意できるわけですよ。統計学もそういうものなので、一定のルールに従って作るから、誰でも同じように理解できるようになるんです。

ところが、統計学の知識もない人がデータを作ると、都合の良いデータだけを取り上げるんですね。政府関係の資料には、時々こういうものがありますが、これは統計学を分かっていない人が作っているからだと思います。これでは、共通認識もできないし、合意することもできなくなります。

相原　数学の論理的思考力を見ようと思ったら、答えが正しいかということより、アプローチの仕方が重要なので、大学入試も記述式が望ましいのは明らかです。

しかし、受験生の人数が多い場合に、公平に採点できるかという問題があるので、第一段階、つまりスクリーニング段階ではマークシート方式にするというのも合理的な選択だと思いますね。

奥原　記述式が重要だからといって、人数の多いスクリーニング段階でも記述式にしなければならないというのも、論理の飛躍ですよ。スクリーニングの後の各大学の試験を記述式でやればよいだけですよね。

旧制高校的な教育をするアメリカの大学

相原　語学も、論理的な思考のツールです。数学と語学はセットなのであって、言葉で考えながら数式を作っているわけです。そして、語学は伝達のツールでもあるわけです。いずれかの言語で思考や伝達ができなければ、知的生産活動は行えないということになります。

早稲田大学は、ライティングセンターを設けて、日本語・英語で論理的な文章が書けるようにするためのトレーニングを行っていますが、こういうことは非常に重要だと思います。

イギリスのケンブリッジ大学やオックスフォード大学も、これをずっとやっているわけです。毎年、大量に本を読ませて、文章を書かせて、批判して、ということを徹底して繰り返しています。これによって、どんな場合でも臨機応変に、論理的な主張をすることができるようになるんですね。

奥原 日本では、早稲田大学のケースは別として、基本的には、高校卒業までにこれを訓練しているはずなんですが、実際に官庁に入ってくる人たちを見ても、皆が皆、きちんとした文章が書けるわけではないですね。

まあ、年齢が上の人でも、何を言っているか分からない文章を書く人もいますから、今に始まった問題ではないと思いますが。

相原 日本の大学は、ヨーロッパやアメリカの大学に比べて、専門教育に進むのが早いという側面があります。

これには良い面と悪い面があります。4年間の大学卒業時点でどちらの専門知識が多いかといえば、日本の大学です。

ところが多くの分野で、そのあとの博士課程を修了した時点では、逆転するんですよ。アメリカやヨーロッパの学部では、考え方のトレーニングをするという意識が非常に強いんですね。これが長い目で見れば効果があるんです。

ビジネスの世界でも、そういうトレーニングを積んだことが役に立つと思われているし、ビジネスの世界で成功している人たちを見ていると、確かにそのとおりだと思うことがあります。

奥原　要するに、アメリカの大学は、日本でいう旧制高校のような感じなんでしょうね。我々の時代の日本の大学、特に文系学部は、どこの大学のどの学部に入学したということだけが重要で、入学後の知的トレーニングという意識すらもあまりなかったように思いますね。

大学を卒業して社会に出ても、タコ壺に入って、それも二重三重のタコ壺に入って、その慣行に従って生きていくなら、知的トレーニングは必要ないということだったのかもしれません。

同じ空気を吸っていない人と話そうとすれば、おのずから論理的に話すことが必要になるわけですが、そういう事態を想定もしていなかったんでしょうね。

官庁の採用面接だって、リクルーターは、どんな部活をしていましたかとか、部活での役割は何でしたか、ということは質問しても、大学で何を勉強してきたかは、ほとんど聞かないんですよ。タコ壺方式になじむ人間かどうかだけが、問われているんですよ。採用する側が、大学の教育に何も期待していないということなんですよね。

でも、官庁が、質の高い仕事をしていくことは国民全体にとって重要なわけで、もっと論理的な思考力とかコミュニケーション能力を見抜かないといけませんね。

数学は覚えるものでなく、考えるもの

相原　多くの人は母国語で論理的に思考をするわけで、日本人の場合には日本語で考えることになりますが、コミュニケーションのツールとして英語をマスターすることも必須になります。

先ほどから何度も話が出ているように、これだけ国際化が進んでくると、日本国内だけで完結して仕事をするということは極めて難しくなっていますし、それでは発展していくこともできません。

したがって、グローバルな連携は必要不可欠で、英語で意思疎通ができる、研究内容を含めて、必要なことを英語で論理的に説明できることが必要です。これは、理系だけではなく、行政官のような文系を含めて共通だと思いますね。

奥原　最近の若い人たちの英語力はかなり向上していると思いますよ。社会全体に英語の必要性が感じられるようになってから久しく、国民がそう認識したことによる成果がやっと出てきたということなんでしょうね。

成果が出るまでには、こんなに時間がかかるんですから、問題を早め早めに自覚して、行動に移すことがすごく重要ですね。数学の必要性とか、論理的な思考の重要性とかは、いまだに十分認識されているように思えませんから、こちらは意図的に進めていかないといけないでしょうね。

英語ができると言っても、肝心の話す中身の方が論理的ではなく、自分たちの小さな世界でしか通用しないものであれば、何の意味もないわけですから。

相原　数学教育を強化するのは難しいかもしれませんね。学生自身から、なんで数学をやらなければいけないんですか、と言われそうですよね。数学にそういうイメージを持たれた時点で、その先生の数学教育は失敗しているということですね。

奥原　数学なんか、何も覚える必要はなくて、考えればいいわけですから、考えることが面白いんだということに気が付いてもらえさえすればいいんですね。この契機さえきちんと与えることができれば、あとは自分で勉強するようになりますよ。

我々が通っていたころの麻布中学・高校の数学は、微分積分・ベクトル・行列まで中学のうちに終えてしまい、高校では、生徒が勝手に勉強しているという感じだったんですよね。

入試の数学重視が、東大の性格を決めている

相原 東大は文系を含めて数学ができる人が入っているので、いいですが、数学に苦手意識を持っている人たちにこれを分からせるのは、結構大変ですよ。

東大は、入試における数学を非常に重視していて、大学の特徴の一つになっているんですね。これを変えると、学生の質が大きく変わり、大学の性格も変わるんだと思います。

東大の数学の先生は、そのことをよく分かっていて、入試問題の作成に本当に真剣に取り組んでいます。やさしすぎても難しすぎてもいけない、当然オリジナルな問題でなければならない、そして予備校から評価してもらえるような良い問題を作ろうとしています。たいへんな作業です。数学の先生は、それを負担と思わずにやっています。まさに、プロの仕事だと思いますよ。でも、こういうことを全国すべての大学ができるわけではないんです。

日本人は、母国語である日本語を使って、脳の中で論理的な思考をしているはずです。したがって、国語力がないと十分な思考ができないということになります。数学と国語は密接な関係にあって、数学力と国語力はほぼ比例すると思います。

奥原　なるほど、日本語でものを考えているから、そうなるということなんでしょうね。非論理的というか、わけの分からない文章を書く人は、結構いますが、こういう人は、数学力も国語力も不十分ということなんですかね。

相原　そういう人は、リカレント教育が必要ではないですか。

奥原　数学も国語も、若いうちに、せいぜい大学卒業までに、きちんと身につけておかないとダメなんで、手遅れだと思いますね。

考えたことを英語で話せるようにする訓練なら、もう少し遅くなってからでもできると思いますが、その言語で論理的に考える訓練は若いうちでないと難しいですよ。

相原　母国語と外国語は脳の使用する部分も違うと言われているんですよ。私も、外国人だけの会議に行けば、英語で考えて英語で発言するということができますが、日本語と英語を混ぜるのは非常に難しいです。同時通訳ができる人は、すごい能力の持ち主だと思いますね。

奥原 英会話はできるけれど、論理的な思考はできないという人も、結構いますよね。

相原 日常会話と外国語による思考は違いますから。外国語と論理的思考を結び付ける訓練は、そういう環境に放り込んで、ある程度時間をかけないとダメなんだと思います。

奥原 日本語で論理的に考えられるようにすること、論理的に考えたことを英語できちんと説明し意見交換できるようにすることは、どちらか一方ができればよい、という話ではないですね。グローバル社会の中では、どちらも必要なんで、両方をマスターできるように工夫していくしかないですね。

英語教育をどのタイミングで始めるのがよいかについては、いろいろな議論がありますが、この二つの要請を両立させることを目標として、試行錯誤していくしかないかもしれません。

怪しくなるばかりの日本人の国語力

奥原 英語教育の強化との関係ではないと思いますが、日本人の国語力は、だんだん怪しくなってきている感じもありますね。

若い人は、まず新聞をとっていませんし、本もほとんど読まないという人が多くなっています。採用面接で、「1年に何冊くらい本を読みますか」と質問したら、「教科書と漫画を含めてもいいですか」と聞かれ、「含めないで」と答えたら、指を折りはじめて両手の指が全部折れなかったということもありました。

スマートフォンの普及で、ネットニュースが見られるから、新聞は必要ないということなんでしょうが、ネットのニュースはそもそも項目から限定されていますし、結論だけで、背景の説明や詳しい分析は分からないのが通常です。

新聞であれば、様々なニュースを一覧として見て、必要な情報を選択できますが、スマートフォンでは、こうはなりません。ネットニュースだけであれば、情報統制的なこともやりやすくなってしまうかもしれません。

本も、ネット書店で買えるからリアル書店は不要ということかもしれませんが、ネットで注文するというのは、多くの場合、その本があることを知っていることが前提となります。書店でいろいろな本を眺めながら、自分の興味のあるものを購入することをしなければ、知識の幅は広がっていきません。

それに、書店ごとに、並べている本の選び方はいろいろで、複数の書店を見ることで、幅広く本を選択することができるようになります。最近、書店の数はどんどん減少しており、これでは、自由で多様な意見を前提とする民主社会は維持できなくなるのではないか、と心配になります。

新聞業界、出版業界、書店にも、これからも生き残れるように、大胆な工夫をしてほしいと思いますね。

相原 国語力の基本は、なんといっても、読書ですよね。読書習慣があるかないかは決定的で、読書をしている人は、分かりやすい、良い文章を書くと思います。

奥原 欧米は、エリート層とそれ以外の層がかなり明確に分かれていますから、エリート層の読書習慣はそれほど変わっていないかもしれません。

それに対して、日本はそういう区分はなく、比較的均質な社会ですから、読書習慣がなくなってくると、日本は大きく地盤沈下していくのではないですかね。

音楽の世界ではミリオンセラーが結構出ますが、本の世界でミリオンセラーなんてよほどのことがないと出ないですよね。感性に訴えるものと理性に訴えるものの違いかもしれませんが、もう少しなんとかしたいですね。

数学で何を表せるのか

奥原　文系理系を問わず、思考力の訓練として数学は必要だ、ということを議論してきましたが、数学にはそれを超えた意味もあると思います。相原さんの専門分野である素粒子物理は特にそうだと思いますが、自然界の法則を解明しようとするときには、数学を使うわけですよね。

これまでの科学の歴史を見ていると、いろいろなデータを見たうえで、これとこれが関係しているのではないかとあたりを付け、これを方程式の形にしていく、そして、個別事例を一般化した方程式を作ると、そこから個別事例を超えた事象が予測できるようになり、それを実験・観測で検証することで、方程式の正しさが確認される、こういうプロセスを踏んでいるように思います。

自然科学の研究者として、実際のところ、数学の使い方というのはどんな感じですか。

相原　ガリレオの言葉で「自然は数学の言葉で書かれている」というのがありますが、研究者は自然の法則を見つけるのが目的なので、最終的には数学で記述するということになるんですね。物理とか宇宙を研究している人は当然そうなりますし、最近は、生命科学も数学で記述するという方向になりつつあります。

生命科学の場合、相当複雑なので、簡単な法則になるかどうかは分かりませんし、何と何の関係式にするかということも難しいかもしれません。生命体も原子からできていることは間違いないわけですから、原子の動きを支配している物理法則に従っていると考えれば、いずれ何らかの方程式が見いだされるかもしれません。

脳の働きだって、時間はかかるかもしれませんが、いずれ、その方程式から導き出せるようになるかもしれませんね。

生命現象の場合、いわゆる「揺らぎ」あるいは、ノイズが大きな役割を持っているという特徴があるんです。

揺らぎがあまりない世界では、Ａという原因があると、何回やっても、Ｂという結果が出てきますが、揺らぎのある世界では、ＡとＢの間にいろいろなノイズがあるので、Ａがあっても常にBという結果になるとは限らないんですね。ですが、何回もやった場合に、大体はBという結果になるということが分かってくれば、それを数式化することができるようになります。

ですから、いずれ、生命科学やライフサイエンスの世界も数学で記述できるようになると思います。

物理研究者の場合、多くのデータを調べて経験的に法則を導き出す人と、全く数学的な考察だけから法則を導き出す人がいるんですね。多くの場合、数学的に法則を導き出した方が、数式が単純で美しいんですね。

これは驚きなんですけれど、数学的美意識だけから法則を導き出してしまう人がいるんです。実験で検証してみなければ、その法則が正しいかどうか分からないんですが、これまで確認されてきた法則の多くが単純な方程式になっているのも事実なんですよ。

相対性理論は100年に1度のもの

奥原　自然界のルールは、そういう単純で美しいものなのかもしれないですね。

相原　例えば、アインシュタインの相対性理論の方程式なんて、アインシュタインが発見してから、１００年以上の歴史があるわけですが、今でも観測データとずれはありません。

奥原　法則を見出そうとするときに、このデータとこのデータが関係あるのではないかと考えるところから始まるわけですよね。そこには、いろいろな試行錯誤があるということなんでしょうね。

相原　それはそうですね。あれとこれが関係するのではないかと思いつくのは、その研究者のセンスなんです。そうやって方程式を作ってみて、検証したらやっぱり駄目だった、ということの繰り返しが研究です。

他の人がおよそ思いつかないような仮説を立てても、ほとんどは間違っているんですが、１００年に1度くらい、検証に耐えて残るものがあるんですね。

奥原　研究者というのは、みんな関係式を作ろうと努力しているんですかね。

相原　まあ、そうでしょうね。いろいろ実験していれば、そこから一般的な傾向とか共通のパターンが見えてくるんですね。これを数式化して、初期条件を変えてみると、方程式から結果が予測される。これを試してみて、仮説が正しかったかどうかを見るんです。

奥原　アインシュタインの相対性理論の方程式なんか典型ですよね。方程式から、重力場の影響で星の近くを通る光が曲がるはず、ということが予測され、観測してみたら本当にそうだったという話なんですよね。

アインシュタイン方程式から予言された重力波も観測されたんですよね。

相原　私も物理学者の端くれですが、恥ずかしながら、重力波が観測されるなんて思いませんでした。夢のまた夢だと思ってましたから、重力波が観測されたというニュースには本当に驚きました。アインシュタインは、まさに100年にひとりの天才です。

奥原　アインシュタインは特別だとしても、そういう人は、普通の教育の中からは出てこないですよね。だから、画一的なことだけではダメで、多様性を許容しないといけないんですよ。こういう法則を発見する場合、何と何を結び付けるかという「ひらめき」みたいなものが、すごく重要なんでしょうね。

相原　そこが個性なんですね。個性を出すときに、やはり哲学とかが必要なわけですよ。

それに、同じことをずっとやり続けていても、ひらめかないんですよね。そういう意味では、休みを取るとか、自分の専門と全然関係ないことをやってみることも必要なんですね。

因果関係があるかどうかは分かりませんが、そういう時にひらめくというのは、よく言われることです。一つのことだけやり続けていれば答えが見つかる、というものでもないですね。

奥原 官庁の仕事も全く同じですね。政策でも、法改正でも、一つのことだけ考え続けていると、行き詰まってしまうこともあるんですよ。

そういう時は、スポーツをやるとか、全然仕事と関係ない、それこそ宇宙の歴史の本を読むとかして、頭を白紙にして、一から整理しなおすと、解決するといった経験は結構ありますよ。だから、重要なことは、職場ではなくて、家で思いつくんです。

相原 脳科学的にも、ひらめきの仕組みがだんだん分かってきているようですよ。脳科学は、そのうち化学的に解明され、化学の基には物理があるので、最終的には数式で書けるところまで行くはずです。

非ユークリッド幾何学が示唆するもの

奥原 ロバート・オッサーマンというスタンフォードの先生が書いた『宇宙の幾何』（翔泳

社）という本があるんですが、これは副題が「数学による宇宙の探究」となっている大変面白い本なんです。

現代人は地球が丸いということを知識として知っているわけですが、昔の人が狭い世界の中で生活していれば、地球が平坦だと思っていても不思議はないわけですよ。こういう状況の下では、ユークリッド幾何学は十分通用するわけですね。

直線と直線上に存在しない点が与えられたときに、その点を通りその直線に平行な直線は1本しか引くことができないし、三角形の内角の和は１８０度であるということも成立します。

しかし、水平線を眺めたり、海洋航海に出れば、地球は丸いということが分かってきて、そうなると、ユークリッド幾何学では説明しきれなくなるんですね。

地球のような球面を考えれば、平行な直線は1本もないし、三角形の内角の和は１８０度より大きくなるわけですよ。

自分の生活圏より広い世界を認識するためには、非ユークリッド幾何学が必要になってきます。だから、数学は世界認識・宇宙認識のツールなんだ、というのがこの本の論旨なんですね。

我々は、地球が丸いということは分かっていても、宇宙がどういう形なのかということは、十分把握できていないわけですが、少なくともユークリッド幾何学の世界ではないですよね。リーマン幾何学のような曲率概念がなければ、相対性理論が通用する世界の解明はできないということになります。

このユークリッド幾何学と非ユークリッド幾何学の関係は、非常に興味深いものがあって、視点を変えて、あるいは、もっと広い視野で眺めてみれば、今まで当たり前だと思っていたものもそうでなくなるということなんです。

研究の分野でなくても、例えば、政策や法制度を考えるときも、視点を変えたり、広い視野から考えてみるということは、常に必要なんだと思いますね。こういう発想を持たないと、いつまでたっても、前例踏襲の旧態依然たる仕組みから抜け出せないんですよ。

抽象的になるほど接近する物理と数学

相原　数学が認識のための手段であることは間違いありません。また、認識を論理的に表現するためにもとても有効です。

その一方で、宇宙や世界の仕組みを研究する手段は、それだけでなく、もっと泥臭い方法もたくさんあります。なんでも試してみる、実験してみる、あるいは、素直にひたすら星空を観測して記録するなどです。

奥原　この本の著者は数学者ですから、数学者の見方なのかもしれないですね。いずれにしても、リーマンの球面幾何学のようなものがなければ、相対性理論が適用される空間をうまく認識できないということはあるわけですよね。

相原　幾何学を含めて数学というのは一般化・抽象化に有効な手段ですよね。いろいろな属性がどんどんはぎとられて、抽象化される。だから、いろいろな局面で使えるのです。

奥原　相原さんもメンバーである、カブリ数物連携宇宙研究機構というところがありますよね。あれは、数学と物理は深い相関関係にあるという前提に立って、両サイドから宇宙の解明を進めていこうということなんでしょうね。

相原　そのとおりです。物理は数学の言葉で書かれているので、言葉である数学を研究すると、何か新しいものが出てくるかもしれません。

現代数学と現代物理の関係はどちらが先とかいう話ではなくて、特に、物理の理論的研究をやるために数学を作らなければいけないという場面にも遭遇します。

数学者も、物理研究に興味を持っていると、新しい数学を作るインスピレーションが湧くことがあるみたいですね。

超弦理論（物質の基本単位を、点粒子ではなく、1次元の広がりを持つ弦であると考える仮説）という難しい話があるんですが、これは新しい数学を作らないと完成しないことが分かっているんです。これができたらフィールズ賞（数学のノーベル賞のようなもの）ものですね。

奥原　数学は科学の女王か奴隷かという議論もありますが、これはどちらの面もあるということなんでしょうかね。

相原　歴史的には、数学が科学をリードしたこともあるし、科学が数学をリードしたということもあるので、どちらもありますよね。

数学の中には数論というものもあるんですが、これは、整数とそこから派生する数の体系の性質について研究するもので、例えば、フェルマーの最終定理（3以上の自然数nについて、xのn乗＋yのn乗＝zのn乗となる自然数の組（x、y、z）は存在しない）のようなものが、数論の典型的な事例です。これは数学者に言わせれば「王道中の王道」なんです。ガウスも「数学は科学の王女であり、数論は数学の王女である」と言っているくらいなんですね。

奥原　数論で宇宙が解明できたらすごいですよね。

相原　応用数学というものがあって、これは数学的知識を他分野に適用することを主眼とした数学の分野のことなんですが、これの対極にあるのが純粋数学なんですね。数論のような純粋数学は役に立たないとか言われていましたが、最近は暗号の基礎にもなったりしているんです。

奥原　数論について書いた読み物なんか読んでいると、最初は面白いと思って読んでいても、途中から何のことか全く分からなくなるんですよね。

相原　そうそう。物理は、実験や観測で現象を一つひとつ確かめながら進めるので、あまりに抽象的な話だと困ってしまいます。ただ、ビッグバンより前の宇宙の姿だとか素粒子より小さいものは何かといった話になると、ものすごく抽象的な世界になります。そうなると物理と数学の区別がなくなってくるんです。

奥原 なるほど、抽象的になればなるほど、物理と数学は接近してしまうということなんですね。

かなり前のことですが、カール・セーガン原作でジョディ・フォスターが主演した「コンタクト」というアメリカ映画がありました。あの中で、地球外生命体から信号が送られてくるんですが、その信号は素数なんですね。モールス信号のような形で、1、2、3、5、7、11……と続いてくるんです。素数は、宇宙の知的生命体の共通言語として使えるわけで、なるほどと思いましたね。

そういう意味でも、数論は相当奥の深いものなんだと思いますし、数学が宇宙の法則を解明する手段になるのも納得ですよね。

相原 宇宙のどこかで、ある程度文明が発達すれば、他のことはともかく、素数には行きついているはずだとは言えますよね。

奥原 文系の人がどこまで理解できるかはありますが、こういうことにも関心を持つと、世界が広がって、自分の小さいタコ壺のことなんかどうでもよくなるような気がしますよね。

数学の恩恵を受けるには時間がかかる

相原　数論は、いまや安全保障や経済にも影響を与えているんですよ。暗号が素数に分解できてしまえば安全保障は成り立たなくなりますし、銀行取引も暗号化して電子取引を行っているので、この暗号が解けてしまえば経済も成立しなくなります。

奥原　なるほど、我々は、現実に数論の恩恵を受けているわけなんですね。

相原　10年くらい前に、「数学は忘れられた科学」と言われていたことがあるんです。数学はもはや重要でないと思われているとして、政府からも数学の状況に対する危機感を報告したレポートも出ました。特に、生命科学が発展した時期に、そういう議論があったんですね。

研究のコミュニティの中でも、もう研究に必要な数学は手に入ったので、これ以上は必要ないのではないかという話になったこともありました。今は、数学は、実はいっそう重要だということを、コミュニティの人は皆認識していますけどね。

そもそも、数学の恩恵を受けるには時間がかかるんです。我々が今使っている数学は、工学の世界でも物理や流体力学の世界でも、大体19世紀のものなんですね、そのくらい時間がかかります。抽象化が極端に進んだ現代数学を使っている研究者はほんの一握りだと思いますよ。

生命科学であれば、今のところ主に使っているのは統計学で、これも19世紀の数学です。役に立つのに１００年２００年といった時間がかかるから、過去には「数学はもうこの辺で充分」という話が出ることもあったわけですが、今はそんなことはありません。研究の成果があるかどうかは、長い目で見る必要がありますね。

奥原 数学を研究している人は、最初から数学をやっているんですか、それとも他の分野から数学に来たりするんですか。

相原 トップの数学研究者は、最初からですね。数学が大好きな人たちですから。天才型の人は、集中して24時間中考え続けると言われています。若くなければできませんよね。そういう一握りの人が数学の最前線を動かしているんですよ。

奥原 昔は、物理学者で数学者という人も結構いましたよね。

相原 混然一体だった時代もありますが、やはり学問がどんどん進化して専門化してきたということですね。

第　5　章

大学とタコ壺社会

大学の役割は人材育成

奥原　大学の機能は何かというところから始めたいと思いますが、大学は「知の最先端」であり、いろいろな学部があるから「知の集積拠点」でもあり、また「研究と実社会との結節点」であり、そして教育により次の時代への「知の継承」の機能も持っているように思いますが、当事者はどう思っているんですか。

相原　私は、大学の役割は、何よりもまず教育、つまり人材育成だと思っています。知を継承し、新しい知を創り出す人だけでなく、社会に貢献する人、課題を発見し解決する人、そういった人材を育成するというのが最大の役割だと思いますね。

これは、文系理系を問いません。研究所と大学の違いは、大学はまず人材育成の場であることだと思います。大学ももちろん、最先端の研究をやっています。そうしないと良い人材は育成できません。

奥原　大学の関係者が、皆、人材を育てるという意識を持っているのかというと、少し疑問もありますけどね。

相原 その意識がないなら、大学ではないですね。

奥原 世の中には、職業訓練校というものもあって、ここも人材育成をしているわけですよね。職業訓練校と大学の違いはどこにあるんですか。

相原 大学の場合、人材を育てると言っても、ある職業の専門家を育てるというよりは、もう少し幅広い人材を育成するということなんだと思います。ある意味で、職業以前に必要なもの、例えば教養とか人間力とかいうものを含めての人材育成なんですね。

奥原 人間力なんて大学教育で身につくものなんですか。私の経験では、そういう感じはあまりありませんけどね。

相原 確かに、「東大は人間力を育てていないだろう」とか言われて、困ることがありますす。東大にいる外国人学生やアメリカの大学生を見ていると、学部では、論理的思考力を含めて教養を身につける。学部卒業後に、希望する専門や職業に関する教育を受けるための大学院やロースクール、ビジネススクールなどを選ぶという方針の学生が多いですね。

これに対して、日本の場合、大学卒業時点で会社とか官庁ですぐ役に立つようにしてほしいという要請が産業界から強くあるように思います。

アメリカの大学も専門知識が全く必要ないと思っているわけではないので、ウエイトの置き方の問題かもしれませんが、アメリカでは専門知識の取得は必要に応じてゆっくりでいいという感じですね。

少なくとも、日本のように、大学に入って4年経ったら、全員が同じような規格で卒業して、皆が同じように就職していくという感じはありません。

社会を細分化し、二重、三重のタコ壺をつくってきた

奥原 日本は、すべてを画一的に、一斉にやりすぎですよね。一斉に採用して終身雇用するというのも、最近は少し崩れてきていますが、こういうやり方をしていると、多様性が全くなくなってしまうんですよ。

私が人事担当だった時の経験でも、新規学卒よりも、いったん社会経験を積んだ中途採用の方が意欲も問題意識もある人が入ってくるという感じはありましたね。

最近は、大学3年から就職活動をしていて、あれでは勉強する時間もないですよ。我々が学生の頃は、就職活動は4年の後半からだったわけで、今は早すぎますよ。3月に一斉に卒

業して4月から一斉に就職しようとするから、ああなるんでしょうね。

こういうことだと、大学が就職までの通過点に過ぎず、重要なのはどこの大学のどの学部に入学したかだけ、人生の節目は大学入試、みたいな変なことになってしまいます。

とにかく、日本人は皆同じような就職活動をして、就職すれば、それぞれの小さなタコ壺に入って、その中でまた同じように行動するんですね。

相原 一斉とか均質というのは、効率がいいのかもしれません。日本の場合、大学を卒業した人はある程度の教育レベルにはありますが、外国に行くとバラバラだったりするわけです。同じ年の人でも、全然ダメな人からめちゃくちゃ優秀な人までいます。均質な方が効率的で、それに慣れてしまえば楽だというのもあるんです。

奥原 私のドイツ駐在の経験でも、向こうは、上の方の層と下の方の層が明確に分かれているんですよね。日本の場合には、中途半端なところで均一で、ある意味で居心地はいいんですが、居心地が良すぎて、それぞれのタコ壺の空気に従うとか、これまでの慣行を変えようとしないとかいう傾向につながるんだと思いますね。

相原 居心地のいいところでとどまっていれば、学生からも親からも文句を言われないとは思います。最近は、就職できなければ、大学が親から文句を言われたりするんですね。今は、大学生でも、親と子が一体化してしまっていて、就職活動も勉強も一緒にやっているような人が、増えているんです。

でも、居心地がいいところにとどまっていては、ブレークスルーを起こしたり、世の中を前進させていくようなことはできないんですよ。

奥原　就職も含めて皆が一斉に何かをやる、全員が均質な状況を作る、社会を細分化して二重三重のタコ壺を作る、こうしたことが日本の特徴だったんだと思いますね。共通の目標を掲げて、それに向かって邁進するときは、これが最も効率的なやり方かもしれません。

しかし、日本がトップクラスの仲間入りをし、その中でしのぎを削る、そして中国が猛スピードで発展するという時代に、日本がこれからも安定的に発展していくためには、これまでのやり方では通用しなくなりますよね。

教育に必要なのは自立の精神

相原　われわれ大学人も分かり始めてはいますが、従来の仕組みには居心地が良かった面はあるわけで、簡単には変われないんですね。ここにきて、国も、これまでのやり方ではダメだし、財政的にも支えきれないということで、国立大学の法人化という話になったわけです。

大学は、自立をして、自分の進むべき方向を自分で決められなければいけないと思いますね。そもそも、教育というのは自立していなければダメだと思います。「自分たちはこうするんだ」という方針があって、そこに共鳴する人たちが集まってやっていく、これがあるべき姿なんだと思いますね。だからこそ独立、自立していなければいけないんです。

奥原 そういう意味では、私立の学校の方に建学の精神のような形でそういうものは残っているんでしょうね。

我々の頃の麻布高校は、自主自立の精神は強烈でしたよね。生徒だけではなくて、教師の方も相当なもので、授業の内容も本当に自由にやっていましたし、徹夜で小説を書いていて授業を休講にする国語の先生もいましたね。文部省の学習指導要領に合致していたかどうかは知りませんけど、生徒にとってはすごく面白かったですよ。

相原 麻布の同窓生は、まったくバラバラですね。好きなことを選んで、勝手に生きてきた人間が多過ぎですね。政府にたてつく人も多いし。おっと、また脱線してしまいました。教育機関は、独立した実態がないといけないというのは、間違いないことなので、今は国立大学もそこで苦労しているんです。

奥原　それには、大学のガバナンスをきちんとしなければダメですよね。これを考えると、大学の自治との関係が問題になるんですが、大学の中の人はどう考えているんですか。

相原　学問の自由は、絶対に必要だと思いますね。

奥原　それはそうですよ。それが、イノベーションのきっかけにもなるわけですからね。

学問の自由は、自ら勝ち取るもの

相原　一口に学問の自由の保障といっても、国あるいは政府は自由を保障すべきだという立場と、自由は自分で勝ち取るべきだという立場があると思います。

日本人は勝ち取るということに慣れていないと思うんです。研究の世界でも、イスラエルの人たちは、勝ち取らないとやった気がしないみたいで、研究現場のあらゆるところで戦う。時々争う必要のないところでも、戦うんです。それ以外のやり方を知らないから、妥協するという概念もないようなんです。だからこそ、成功する人も多いんですけどね。
それに対して、日本の大学の場合は、大学の自治や自由を勝ち取ったわけではないんですね。そして、国立大学は運営費交付金、私立大学も補助金に依存していますから、私立も含めて、国に頼っているんです。だから、あらゆることについて、国の意向を気にする、入試も国の方針にそろえようとするといったことになるんです。

奥原　それでは、独立とか、ガバナンスとかいうことになりませんよね。ガバナンスというからには、相原さんの言うとおり、大学の進むべき方向を決めて、それの実現に向けてリソースをメリハリつけて配分するしかないですよ。資金はそれぞれのタコ壺に均等に配分して、もらったところはその資金を勝手に使うというのでは、前に向かって進んでいけません。大学は、本当にガバナンスを確立できるんですか。

相原　学問の自由とか大学の自治というのは、独立する、あるいは自立するということなんですが、独立すると困ったことがたくさん出てくるわけですよ。財源がなくなったら何もできないという現実的な問題があるわけですね。
そして、大学側にも問題があって、例えば、ある学部の学生が減っていると、その学部の重要性を理解しない学生や社会が悪い、それを説明しない国が悪いとかいう人もいるんですね。そういう人に限って、学生を惹きつけるための努力も怠っていたりするんで、自業自得という話なんですけどね。

外部から何か言われたときに、「そういうことを言う方が悪いんだ」「外の人は本質を理解していないからだ」と言う人が多いのも事実なんです。

タコ壺の住人は、外からの声に耳を傾けない

奥原　それは大学だけではありません。官庁も含めて、あらゆる組織、あらゆるタコ壺が、そういう雰囲気だと思いますね。それぞれのタコ壺の世界にどっぷりとつかっていて、居心地がいいから、何か批判されたときに、自分の胸に手を当てて考えることもせずに、強く反発するんです。

「自分たちはきちんとやっているから外部から余計なことを言うな」とか、「これを直すと国民に迷惑がかかるぞ」とか言って、開き直るんですね。民間にも、官庁以上に官僚主義的なところが結構ありますよ。こういう姿勢では、必要な改善や改革はできません。

相原 そうなんですよ。外から言われたときに、「こちら側にも考えるべきことがあるんじゃないですか」と考える人が少ないんですね。大学の中でも、隣の分野に口出しすれば自分も言われてしまうかもしれないから、かばい合っているんですね。

奥原 それでは何も変わらないですよね。変える努力はどこから始まるんですか。

相原 結局、資金面から始めることになります。分野ごとに評価して、評価に応じて資金配分をするということなんですが、まだ移行期間なので、極端なことはできません。基本的な生活費のようなものは均等に配分したうえで、そこから上の部分を競争的に配分するというやり方です。それぞれの学部から提案を出してもらって、それを評価して、配分するということです。前向きな提案が出てこないところ、そういうネタがないところは、追加配分を受けられません。

奥原 その仕組みは、学部長が総長とかに説明して評価を受けるということなんですか。

相原 そういうことですね。ガバナンスは、上に立つ人の権限や責任が明確でないといけないわけで、大学は、法人化が始まってから、総長の権限・責任が明確になってきたと思いますね。権限というのは、結局、金・人といったリソースを配分する権限なんですね。

奥原　学部の中でも、教授が学部長に説明して評価を受けるんですか。

相原　改革は、学部段階まではまだまだ波及していません。学部には教授会があって、これが学部自治の中核なんです。教授会の権威は絶対で、ここで決めたら、総長も従うしかない、という雰囲気なんですね。学部の教授会で決めたものを、そのまま文部科学省に持っていくこともあります。

奥原　学部あって大学なし、ということですか、タコ壺の典型ですね。

相原　会社なら、従業員は経営者に雇われているという感覚があると思いますが、大学にはそういう意識はないですね。その背景には、教授の身分が保障されているということも関係していると思います。

大学も、独立した主体性を持った組織になろうと努力し、もがいているのは確かですが、リソースが減っているときの組織改革は非常に難しくて、右肩上がりの時の改革とは大違いです。リソースのない改革は、すぐ反対されて失敗するんですね。

国のコントロールが強く、細かすぎる

奥原　その学部学科に進学する学生の数に応じて、資金を配分するようなことはできないんですか。

相原　国立大学には、文部科学省による学生定員管理があって、簡単には学生数も変えられないんです。アメリカの場合は、コンピューター・サイエンスの学部の人気が高ければ、そこにリソースを投入して、教員も学生も増やすんです。

そうやって、大学もマーケットに対応していて、その結果、ＡＩの最先端を切り拓いていくわけですよ。アメリカの大学は、自由で、そして究極の自己責任なんですね。

奥原　定員まで国にコントロールされているんですか。それでは国の行政組織と同じことですね。だいたい、日本は国のコントロールが強くて、しかも細かすぎるんですよ。義務教育でもない大学の学部の設置を、国の許認可の対象にするのもどうかと思います。高等教育の需給を国が管理することになるわけですが、法科大学院をあれだけ作って、これだけ減少したのを見ても、国による管理が合理的だとは言えませんよ。

相原　これまでは、国がコントロールしつつ、大学も国に頼っていたわけで、持ちつ持たれつの関係だったんですね。

奥原　国からの運営費交付金なり補助金は、当分は出す必要があるのでしょうが、国のコントロールとあまり関係ない形で、各大学に適切に配分する方法を、もっと真剣に考える必要があると思います。学生の数、民間からの寄付金の額など、学生や世の中からの評価が高いところに多くの資金を配分するくらいのことを考えないといけないと思いますね。

これまでのように、国が一方的に資金を配分して、配分するから統制には従えというやり方では、発展しないと思います。

相原　そうなると、潰れるところも出てくるんですよ。

奥原　そうかもしれないですが、全部が残れるようにしようとすれば、伸びるところも伸びることができなくなって、結局、すべてが「茹でガエル」になってしまうと思いますよ。これは、大学だけの話ではないですけれど。

相原　文部科学省は、国立大学は一つも潰さないと言っているし、国立大学協会も、一緒に頑張りましょうと言うわけですよ。

奥原 大学に限らず、業界団体というものはそういうものでしょうね。最もタコ壺らしいタコ壺かもしれないですからね。タコ壺の中の常識は外の世界の非常識、ということがよくあります。そういうことが分かっている人たちは、業界団体に入らないし、入っている人たちも離れていくわけですよ。

中国との競争はスピード勝負

相原 ベンチャー企業の若い人たちは、業界団体に入らないで、生き生きと自由にやっていますよね。大企業の人たちとは全く違っていて、自分の責任で好きなことをやるという感じですよ。非常にまっとうだし、面白そうにやっています。

奥原 本当にそうですね。ああいう人たちを見ていると、本当に応援してあげたいという気持ちになりますね。しがらみをなくして、自由に楽しくやるということが大事なんですよ。

相原 そういう人たちでないと、イノベーションは起こせません。イノベーションは、やれと言われてできるようなものではないですよ。いろいろ脱線しましたが、やはり大学は自立しないといけないと思いますね。ハーバードもオックスフォードも独立しているんです。政府の意向がどうであろうが関係ないし、それで潰れないだけの体力もきちんとあるんです。

奥原　日本も、そういう工夫をしておく必要がありますよね。経済界から、ひも付きでない資金をどうやって集めるか、といったことをもっと真剣に考えないといけません。

相原　アメリカもイギリスも、ここまで来るのには、100年、200年という時間がかかっているわけです。日本が今から取り組んでも、簡単ではないですよ。

奥原　そういうことを言っている時間的余裕も、日本にはあまり残されていないように思いますけどね。中国と競争しなければいけない、この時代にはスピード感が必要です。

相原　中国の成長モデルは驚異的ですからね。政府が驚くほど巨額の資金を出すわけですから、あそこと競争するのは大変です。

奥原　中国は、戦後の日本経済の復興・発展に学んだんだと思いますよ。日本だって、傾斜生産方式から始まって、国が戦略部門に資金を集中投下することで、経済発展を推し進めてきたわけですからね。このモデルを、もっと大規模にやっているのが、今の中国ということなんだと思いますよ。

相原　あれだけの規模になると、まねをしたくても、まねできません。しかも、向こうは民主的な手続きは必要ないわけですから、思い切ったことが迅速にできますよね。少し前までは、中国が資金を投入しても大したことはないだろうと思われていましたが、いまや1年ごとにどんどん向上していくわけで、本当に驚異です。

奥原 アメリカとの関係を意識して「中国製造2025」を大きな声では言わなくなっていますが、これが着実に進んでいるわけですよね。だから、日本も思い切った改革をやらないと、本当にジリ貧になっていくと思いますね。

改革とセーフティーネットはセットで考える

相原 そうなんですが、改革には痛みを伴うんですね。全員が賛成なら、それは改革ではないわけで、改革であれば痛みは伴うわけです。改革すれば、既得権に影響するので、抵抗も激しくなりますよ。

奥原 反対があっても、やらないわけにはいきませんよ。伸びることのできる人が伸びていくためにどうしたらよいかを考え、この改革をして5年、10年経ったら全体としてこういう状況になる、という絵をきちんと描いて、真剣に議論して進めていくしかないと思います。

相原　改革しようとすると、格差が広がるとか、勝ち組・負け組ができるという、反対論がすぐ出てくるんです。

奥原　これまでのタコ壺主義は、タコ壺の中の人を同じように護送船団的に守るという発想ですから、そういう意見が出るのは当然ですね。でも、これは、悪平等がいいんだ、と言っているだけです。本当に、それで、これからの日本がやっていけるか、よく考える必要があると思います。

もう一つ、改革を進めるときには、セーフティーネットをきちんと整備しておくことも重要ですね。うまくいかないことがあっても、生活は維持できるし、再度チャレンジできるようにしておかないと、活力は出てきません。

日本の場合、セーフティーネットの代表である社会保障が、企業というタコ壺を前提とする仕組みが基本になっていて、しっかりしたタコ壺ほどセーフティーネットが有利で、タコ壺に入っていない人は不利なんです。タコ壺から出てチャレンジする人を応援するためには、このあたりの工夫も必要になってくると思います。

相原　確かに、改革とセーフティーネットをセットで考えることは、重要ですね。それが改革を推進することにもなるかもしれませんね。それにしても、大学は自立しないと良い教育はできないですよ。

奥原　それには、大学のガバナンスをきちんとすることが一番大事だと思いますよ。大学が、自分の中の研究全体を見渡して、日本の将来に貢献するためにどうすべきか判断して、メリハリをつけた資金配分を行い、そのことを世の中に見せていかないといけないと思います。

それが見えれば、国の方も、ベタに資金配分するのでなく、ガバナンスが効いているところに配分することができるかもしれません。

相原　そうなんですよね、見せなければいけないですよね。これまでは見せてこなかったわけで、そこは反省点なんですね。国は分かってくれているはずと思ってきたのかもしれませんが、見せなければ分かってもらえないんですね。

東大に合格しても入学しない若者

相原　学生にもそういうところを見せることが必要で、そうしないと、若い優秀な人が日本の大学を選ばなくなってしまうんです。

奥原　最近は、東大に合格しても、アメリカの大学に行ってしまう人もいますよね。

相原　そういう時代になっているんですね。学生の方が、このままでは自分の将来はないと思い始めて、危機感を持っているわけです。

奥原　やはり、大学を学生や経済界が評価するということは重要です。国の予算のつけ方だって、大学を評価する学生の方につける方法もあるかもしれません。授業料はコストを賄える水準まで上げておいて、学生の方に手厚い助成金なり奨学金を付けるというやり方をすれば、本当に質の高い大学・学部・学科が伸びていけるかもしれませんね。

学際的連携に遅れる日本

奥原　大学の「知の集積拠点」としての機能についてはどうでしょう。十分機能を果たしているんですか。

相原　いろいろな分野の知識を組み合わせて新しいものを生み出すというのは、あまり得意ではないですね。いわゆる融合分野のようなものは、まだ少ないです。外国のトップリーグと呼ばれる優秀な大学と比べると、明らかに遅れています。

例えば、環境の問題などは、いろいろな課題があって、それを解決するためには、様々な分野の研究者が連携して取り組む必要があるんですが、そういうところが日本は弱いんです。

大学に集積した知識を使ったイノベーションについても、アメリカのスタンフォードはシリコンバレーと一緒になって取り組んでいて、そこから成果が生まれています。日本では、こういう環境はできていないですよ。

アメリカは、究極の自己責任ですけれど、自分で好きなことをやってダメな時のセーフティーネットもあって、失敗すると大学に戻れるんです。

奥原 それは、大学に籍が残っているということですか。

相原 そういうことではなくて、アメリカの場合、もともと、同じ年齢の人が一斉に大学や大学院に入るというシステムではなくて、好きな時に自由に入学するという仕組みです。

試験はありますが、それがハードルになっているわけでもないので、ベンチャーを2、3年やって、失敗したから大学院に入りなおそう、ということが普通にあるんですね。

こういう環境があれば、新しいことにチャレンジしやすいし、失敗してもチャレンジしたことが評価されるということであれば、イノベーションも起こりやすくなります。こういう環境を作るのも、大学の人材育成の一環だと思うんですが、まだまだです。大学だけでなく、企業などと一緒になって、こういう環境を提供していくことが必要ですね。

相原　大学の中もタコ壺に分かれているし、大学自体も世の中のタコ壺の一つになっていて、なかなか相互の連携ができないということなんですね。このことの問題性が、いろいろなレベルで認識されはじめた、というところなんだと思います。

でも、子供や若い人たちはタコ壺なんて意識はないので、この人たちが大きくなって世代交代すれば、変わってくるかもしれませんね。

タコ壺意識は再生産されていく

奥原　いや、タコ壺意識は再生産されていくんです。高校生になって、大学受験の関係で文系か理系かの選択を迫られるところから始まって、社会人になれば、会社ごと、そして会社の中でも部門ごと、派閥ごとなど、あらゆるタコ壺に、からめとられていくんですよ。

組織が細分化することなら、どこの国でもあるわけですが、日本の場合は、それが単なる組織区分を超えて、「そのタコ壺の空気に従うものだ」「それと違うことはやるべきではない」という暗黙の了解を伴うものになってしまっているんです。

周りの人がそうなっていれば、「そういうものなんだ」と思って、それになじもうとするのが普通ですよね。一度「そういうものなんだ」と思ってしまえば、おしまいで、タコ壺意識は疑われることなく、どんどん再生産されていくことになります。

そこから抜け出すには、相当強い意識が必要になるんです。常に自分の頭で考える、自分を枠にはめず、自分の世界以外の多様な世界に関心を持つ、当たり前と思われていることも疑ってかかる、といったことが必要なんですよ。

相原　なるほど、再生産するのは簡単なんですね。

奥原　現状は、タコ壺意識を再生産させる方向に、強力な磁力が働いているんだと思いますね。この状況を変えるには、個人の自立ということと同時に、社会の側、とくにリーダー層が意識して変えていかなければならないわけですよ。

相原　外国の大学は、企業を含めた外の世界との距離感が近くて、そことの交流が当たり前のようにできていることが、ポイントかもしれません。日本の場合は、大学と民間企業との間にかなり壁があるんで、ここをお互いにもっとオープンな関係にしていくことが必要なんでしょうね。

奥原　それには、大学も、自分たちのやっていることを国民に分かってもらう努力が必要ですよね。「どうせ分からないだろう」といった姿勢では、何も変わりません。

相原　自分の研究は他人に分かってもらうためにやっているわけではない、という人もいますが、学問をやっているというだけで正当化される時代ではないということですね。

きちんと説明して、分かってもらい、評価してもらえなければ、何もやっていないのと同じなんだという意識が必要ですね。大学でも、だいぶ浸透はしてきましたが、まだまだです。

国主導のタコ壺主義をいかに破壊するか

奥原　少し進んでも、油断するとすぐ元に戻りますすよ。組織の風土とか空気を変えるのは、ものすごく大変なことなんです。組織のメンバーの深層心理のところまで染み込んでいるので、少し改革しても、あっという間に元に戻ってしまうんです。

相原 確かに、改革の旗振り役がいなくなると、振り子はすぐ元の位置に戻るんですよ。それは強く感じますね。そのくらいタコ壺意識は強力で、マジョリティーはそれにどっぷりつかって疑おうとしない人たちなんですね。

奥原 それは、大学も官庁も全く同じですし、おそらく日本社会の多くがそうなんだと思います。だから、改革を継続するためにどうするかは、非常に重要な問題なんです。社会全体が「これを変えないとダメなんだ」という風潮にならないと、難しいんでしょうね。

相原 官庁の方からそういう動きが出てこないと、進まないんじゃないですか。

奥原 官庁そのものがタコ壺主義にどっぷりつかっているんですから、難しいですよ。ここを変えるには大きな仕掛けが必要です。

相原 日本では、なんだかんだ言っても、役所の役割が大きかったわけです。今は、政治も相当入ってきていますが、長い間、霞が関イコール国という時代が続いていたわけですよ。

その霞が関が変われないと言われてしまうと、困るんです。

奥原 高度経済成長までは、霞が関を中心とするやり方でもよかったんです。外国に追いつくために、外国の進んだ制度を多少アレンジして導入すればよかったんですからね。それも、業界団体など強固な組織を使って、上から下に流して徹底していくというやり方ですから、タコ壺主義の塊なんですね。むしろ、タコ壺主義を生み出したのが、この国主導の仕組みなのかもしれません。

相原　そうすると、官僚機構はイノベーションを起こしたり、新しいビジョンを作るのに、最も向かない組織なのかもしれませんね。

奥原　官庁が、既得権勢力と持ちつ持たれつの関係にあり、タコ壺主義に陥っているのであれば、中から意味のある改革案は出てこないんです。ですから、官邸が、民間人を集めて会議体を作って改革の方向性を議論するのは、霞が関を変える一つの方法なんだと思いますよ。

相原　政治がリーダーシップをとればいいんですかね。

奥原　それは必要なことだと思います。霞が関を指揮する官邸が、見識をもってリーダーシップを発揮することが必要ですし、行政官の方も、それをうまく使って将来につながる改革を進めていく必要があると思います。

志のある政治家と行政官が連携すれば、思い切った改革ができますし、それは行政官としても「役人冥利」に尽きます。

しかし、次の選挙のことしか考えていないような政治家もいます。そして、選挙というのは、既得権勢力に有利に働く仕組みです。だから、国会での与野党の議論を見ても、前向きな議論はあまり見られませんよね。

政府与党の改革案も日本の将来の発展につながる抜本的なものは多くありませんが、その改革案に野党は抵抗するのがほとんどですよ。国民も、その政治家に本当の志があるかどうか、よく見極めて投票しなければいけませんよね。

大学は批判を恐れず発言すべき

相原 大学の中に、国や社会を変えていくビジョンを大学が出したらどうかという意見があるんですが、どんなもんでしょうね。

奥原 どんどん出したらよいと思いますよ。

相原 大学がそういうビジョンを出すと、「そんなことができるはずがない」とか「自分で稼いでもいないのに何を言っているのか」とかいって攻撃される可能性があるわけですよ。

奥原　批判されたらされたで、いいんじゃないですか。批判を恐れていたら何もできないし、そもそも、いろいろな提案があって、それをもとに議論すればいいんだと思いますよ。それに、提案を出して外部の目にさらされるのも大事なことです。

相原　ビジョンを出す以上、大学のガバナンスをきちんと働かせて、外に説明できるようにしようという方向には作用しますね。それが嫌だから自分からは何も言いださないでおこうとすると、結局何も変わらないということになるんですね。

奥原　発言するには覚悟が必要です。しかし、江戸時代ではないので、命を取られるようなことはないんですから、どんどん発言したらよいと思います。

相原　大学は、これまで発言することを期待されていなかったのかもしれませんが、発言すれば良い影響を与える可能性もあるわけだから、発言していこうというのも一つの考え方ですね。また、発言しようとすれば、大学内部の議論になるので、大学内のタコ壺を揺り動かす力にはなると思いますね。

日本には民間のシンクタンクもありますが、なかなかそういう大きな提案は出てこないですよね。そして、日本では、何かといえばすぐ「国が国が」という話になるんですね。マスコミも「国が決めないからいけない」とか「国が決めたからこうなった」とか、なんでも国になってしまうんです。

大学でも「あそこがこういったから」という話がよく出てくるんですが、教育機関はそれではダメだと思うんですよ。自分でやって自分で責任を取るということができないと、人材育成はできません。

誰が言ったか不明なまま、結論が出る仕組み

奥原　日本人は、責任を取るという感覚が乏しいですよね。だから、自分の意見を言うと責任を問われると思って、「誰々さんがこう言っていた」という言い方を多用するんです。官庁でもこういう言い方をする職員が大勢いて、その度に「あなたはどう思うんですか」と聞き返していました。

なかには、特定の意図をもって「誰々さんがこう言っていた」という話を捏造する人たちもいて、私が言ってもいないことを言っていることにされているケースもありました。業界

紙や雑誌の中には、こういう話を裏も取らずに流すところもあって呆れました。

相原　自分の意見を言わないと、当事者能力はなくなるわけで、これでは交渉になりません。相手から見たら、この人はいったい何者なんだろうということになってしまいます。グローバル化した世界でも、こういう場面が多すぎるんです。大勢で国際会議に出席しても、誰も責任を持った発言ができないんですよ。

奥原　権限がないこともあるし、権限があっても責任を取る気がないということもあるでしょうね。

相原　大学の教授会というのも、似たようなところがあるんですね。誰が言ったかは分からないけれど、教授会が決めてしまったら、もう動かせない、学部長や学長でも変えられない、といったところがあるんです。

奥原　教授会の決定方式は、多数決なんですか。

相原　多数決ではありますが、誰かが反対していると採決まで行かないというところがあります。これでは、時間もかかるし、時間をかけてもまとめられないということもあるわけで、改革なんて進まなくなります。

「全会一致」では改革はできない

奥原　法律案は、国会に出れば多数決での採決になりますが、法案を国会に出す前の与党審査の段階での自民党の意思決定は、全会一致主義なんです。

相原　それでは、難しい案件はまとまらないですよね。どうやってまとめるんですか。

奥原　賛成・反対両方の意見があるときは、疲れるまで議論するんです。そして、議論が堂々巡りになり、意見が出尽くしたという状況になった時に、決定を自民党の幹部に一任するんです。一任された幹部はさらに調整しますが、それで方針が出されれば、全員それに従う、というやり方なんです。一任した以上、そのあと幹部が決めた方針には文句は言わないんです。

相原　それなら、最初から幹部に一任してしまえばいいようなもんですよね。

奥原　それは全然違いますよ。疲れるまで議論すれば、反対している議員も、そのバックにいる既得権勢力などに対して、これだけ頑張っていますよ、という姿を見せられるわけです。

要するに、反対していた議員も「顔が立つ」ということですね。

でも、やっている方からすれば、疲れるまでやるというのは、大変なことです。大きな対立点を持った法案であれば、疲れきるまでの長いスケジュールを組む必要がありますし、こちらが先に疲れ果ててしまったら負けですから、そうならないようにしなければいけないんですね。だから、行政官はこういう改革をやりたがらないし、やるときは相当な覚悟が必要になるんです。

相原　極めて日本的ですね。大学の場合は、反対意見が出ると、「反対意見は重要である」なんて言う人が出てきて、学長も自分の責任で決めるとすら言えない雰囲気になるんですね。

奥原　そこは、自民党は、一種の技術があるんです。自民党の各種部会の部会長は、議論が出尽くして議員も疲れてきたと思ったら、タイミングを逃さずに「幹部に一任していただけますか」と聞くんです。

そうすると、間髪を入れずに「一任」と叫ぶ人がいて、一任されたことになるんです。この呼吸は、一種の技術で、議事運営に関する自民党独自のノウハウですね。これが、自民党が長期にわたって政権を保っている理由の一つかもしれません。時間とコストはかかりますが、一応前向きな改革もある程度はやれるということですから。

しかし、これからの日本を考えたら、もっとスピードを上げて改革していかなければならないわけで、これからどうするかはよく考える必要があると思います。

相原 面白いですね。そんなことになっているんですか。大学の教授会でそれができるかというと、難しいですね。少し前までは、「今のままで何が悪いのか」という意見が出て、何もしない方がいいという結論になりがちだったんです。

奥原 一人でも反対したらやらないということであれば、前向きなことは何もできなくなりますよ。それが今の状況を生んでしまっているんです。

「うまくいってるのに、なぜ変える」が曲者

相原 大学が、一般社会より遅れていると思われている原因は、そこにあるかもしれませんね。「今、うまくいっているじゃないか」という意見が曲者なんですね。聞いている方は「本当にそうなのか」と思いつつも、口に出しては言わないわけですよ。

奥原　既得権を持っている人たちは、それがタコ壺の利益を損なう話であれば、必ず「うまくいっているのになぜ変えるんだ」と言うんです。この場合、本人はうまくいっていると思っているかもしれないけれど、周りはそう思っていないし、実際に問題が生じているということを分かってもらう必要があります。それを立証しても、かたくなに抵抗するのが通例ですけどね。

相原　財務省が、大学の論文数や外部資金の獲得金額を示すことを求めてくることがあるんですが、大学側は「それでは大学の水準は測れない、教育の効果は数では表せない」なんて言うんです。

これは抵抗しているだけで、議論になることも避けているわけですが、これでは誰も納得しませんよね。何かそれに代わるものを工夫して提案していかないといけないんですよね。

奥原　効果が測れないというのは、外部の人には価値が分からないだろう、と言っているのに等しいわけで、これでは社会性は全く感じませんし、これで研究資金が確保できるわけはありません。

でも、こういう話は、大学だけではなくて、日本全体のいろいろなところにあります。既得権を持っている業界団体は、多かれ少なかれ、同じような状況だと思いますよ。

タコ壺の中でしか通用しないことをやっていると、外部から何か言われたときに、議論するのでなく、反発し、抵抗するしかなくなるんです。

日本人の基本は「誰からも文句を言われたくない」

相原 大学、特に国立大学は、国に統制されつつも、国に守られた居心地のいい世界にいたんです。これに慣れてしまうと、そこから脱却できなくなるんですね。だから、今、運営費交付金を一律に減らされて、困っているわけです。一律だから、文句の言いようがないんですね。

奥原 それは予算のシーリングも同じで、各省共通に裁量的経費を一律にカットするわけですよ。これであれば、文句を言われることはないわけですが、メリハリも付けられないんですね。ある意味で、それぞれのタコ壺に配慮したタコ壺尊重主義です。

日本人の基本は、この「誰からも文句を言われたくない」ということなんだと思いますね。国においても大企業においても、これが組織運営の基本になってしまっているんですね。

　これでは、組織の平和は保てても、その組織が発展していくことはできませんね。

相原　将来ビジョンをもってメリハリをつけていかないと、グローバルマーケットで戦える人材を作っていくこともできません。

奥原　これを早く変えることができたところだけが、生き残っていけるんだと思いますね。横並びだけでやっていれば、ジリ貧になるに決まっています。

相原　教育に比べれば、研究の方が必要な変化は受け入れて、社会のニーズに対応しようという傾向はありますね。

　ただ、数学のように、想像もしていないところからとんでもない斬新なものが出てくることもありうるので、多様性は非常に大事で、多様性と社会のニーズのバランスを取りながら進めようということです。

奥原　バランス感覚は必要ですよね。改革すればなんでもよいわけではないので、常に、目的を再確認しながら、メリット・デメリットを考慮して、最適解を求めていくしかないですね。

時代に合わないシステムや組織を改革する場合には、社会のニーズに応えていくことが多様性を認めることにもなるのが通常だと思います。

ですが、なかには、今は社会のニーズになっていないが将来につながるようなものもありますから、そういう多様性にも配慮しなければいけませんよね。

自然科学、生命科学に強い日本

相原　大学は、他の組織よりも、もっと多様性を許容しないといけないと思いますね。そうしないと、本当の新しい知は生み出せないかもしれません。

一見すると何の役にも立ちそうもない研究をしている人や、社会性もない天才数学者のような人がいてもいいいんですよ。そういう多様性を包含しつつ、社会のニーズにも応えるようなきちんとしたガバナンスをすることが大事なんだと思います。

東大の場合には、以前よりは増えましたが、女性や外国人がまだ少なくて、多様性の点では課題があるんですね。これには、国立大学だから日本人学生を中心にすべきという要請も絡んでいます。私立大学にはもっと外国人が多いところもあります。

大学というところは、結局は人なので、学生が変われば、大学もおのずから変わっていきます。大学院の方は、学部とは違って、研究主体の組織なので、外国人が相当入っていますが、これは、国籍を問わず優秀な人が入ってこないと、研究力が落ちてしまうからです。

奥原　外国人が学部に来て、そのまま大学院に行くことも多いんですか。

相原　そこはいろいろですが、大学院は欧米に行く人も結構いますね。中国人から見たら、日本の大学の学費はアメリカの5分の1か6分の1くらいで、非常に安いんですね。しかも、学部の教育レベルは非常に高いし、以前と違って東大ブランドは外国でも認められていますから、東大の学部を出て、ハーバードの大学院でもどこでも行けるわけなんです。

奥原　いざ研究するとなったらアメリカの大学院に行かれてしまうのでは、困りませんか。日本の研究レベルの向上につながらないということになりませんか。

相原　例えば、中国人が日本の大学で勉強して、アメリカの大学院に行き、中国に戻って研究するのは、世界的視点から見れば決して悪いことではありません。研究の世界の国際化は、すでに相当に進んでしまっているわけです。

だから、優秀な人を日本に惹きつけて日本の研究レベルを上げようと思ったら、そういう人が日本にとどまる、あるいは日本に戻ってきたくなる環境や仕組みを整えることが大切です。また、その分野において、日本の研究水準が魅力的かどうかも重要です。

奥原　どの分野で、日本は魅力的なんですか。

相原　物理、化学、工学など、自然科学系にはそれなりに魅力的な分野があると思いますし、生命科学の分野も強いですね。そういう分野では、外国の研究者に「知っている日本人の研究者は誰か」と聞けば、名前が挙がるわけですよ。

一方で、コンピューター・サイエンスのような分野は、まだまだ努力が必要です。この分野で日本にも可能性があるのは、ＡＩの技術を現場の役に立つようにすることで、ここは大学と企業が連携してやっていけば可能性はあると思います。

奥原　人材育成の話に戻りますが、これは文系の話かもしれませんが、日本は大学を卒業させる基準が甘いということはないんですか。

相原　一般的には甘いと思いますね。ただ、東大の場合は、入試で絞っているということもあるので、甘いとはいえ、それなりのレベルにはあるのではないですかね。

また、ＧＰＡ（Grade Point Average　成績評価値）というシステムがあって、外国の大学院に行くときに、これがある水準に達していないと行けないので、そこはある程度確保されていると思います。ただ、18歳の人口がこれから減っていくと、優秀な人も減っていくわけで、これから心配ですが。

自分の頭で自由に考える意味

奥原　いろいろ脱線しながら対談してきましたが、おわりに、若い人たちに伝えておきたいことを少し整理しましょうか。

私が一番伝えたいことは、自分に変な枠をはめたりしないで、自分の頭で自由にものを考えることが大切だということですね。

大学受験で文系か理系かという選択をすることはあるし、社会に出ればいろいろな組織・集団に属することになりますが、それによって自分の視野を制限しないで、視野を広く持ってほしいんです。

自分の専門分野を深めながら、他分野の本を読んだり、他分野の人たちと連携していくことも必要です。そして、自分の組織・集団の中で「当たり前だ」とか「そういうものだ」と思われていることが本当に正しいのか、組織・集団の外でも通用することなのか、世の中を良くするためにはもっと良い方法があるのではないか、といったことを考えてほしいと思います。そう考えていれば、周囲の空気を読んで安易に同調することも必要なくなります。

これからの日本はグローバル社会の中で生きていくしかありませんが、日本は地政学的に難しい位置にあるし、経済についても中国が驚異的な成長を遂げる中でますます難しくなります。

実は、中国との関係だけではありません。

世界経済におけるアジアの存在感が高まる中で、アジアにおける日本の存在感は低下しており、ＷＩＰＯ（世界知的所有権機関）のグローバル・イノベーション・インデックス２０１９のランキングでは、日本は世界で15位ですが、日本より上位に、シンガポール・韓国・香港・中国がいるのです。

「昨日までこうやってきたから明日もこうしよう」では、国際社会の中でどんどん置いていかれ、ジリ貧になっていくだけではないかと思います。これからも日本が安定的に発展するにはどうすべきか、課題はどこにあり、それはどうやったら解決できるかを、自分で考えなければいけないんです。

自分の組織・集団の中だけで通用する内向きの論理から脱却して、個人がもっと自立して、自分で考えて行動していってほしいと思います。自立した個人と個人の間の意思疎通は、空気を読むようなことではすみません。論理的に考え、相手に伝わるように論理的に説明しなければなりません。それには、論理的な思考力と語学力（国語力・英語力）は必須です。

少しだけタコ壺を出てみる勇気

相原　日本の場合、それぞれの組織が持っているタコ壺意識は、相当根深いし、無意識に継承されていますから、そこから脱却するのはそう簡単なことではないと思います。ですが、まずは、問題意識を持つことが重要だと思います。意識するのとしないのでは、大違いです。

研究のテーマでも、自分が意識して選んだテーマと人から言われたテーマでは、結果は大きく変わってくるわけで、最終的には、自分で考えた方が間違いなくうまくいきます。

とりあえずタコ壺のルールや空気に従うとしても、そうでない世界もあるんだ、ということが頭に入っているのとそうでないのとでは、どこかで大きな違いが出ます。

これに気づくのは、外国留学など、環境が大きく変わり、内向きの論理が通用しない世界に触れたときですから、こういう経験はできるだけ積んだ方がよいと思いますね。

それから、失敗を恐れないことも重要です。チャレンジしなければ失敗はないわけですが、それでは何も前進しません。失敗から次へのヒントは生まれますし、失敗したら大学・大学院に戻ればいいんだと思って、チャレンジしていくことも大事ですね。

奥原　自分一人だけでは組織・集団の風土を変えていくことはできないかもしれませんが、仲間を増やしていき、多くの人がその必要性を感じるようになれば、これが大きな流れとなって、世の中を変えていくことにつながるはずです。それまでは、自分のできるところから取り組み、あきらめずに、かつ、しつこくやっていくことです。

誰かがやってくれるだろうと、他人任せにしていては何も変わりません。そして、周囲に同志がそろったり、上司に志のある人物が来るなど、チャンスが来れば、その機会を逃すことなく、最大限に生かすことも大事です。

相原　とにかく、若い人には選択肢がたくさんありますから、既成概念にとらわれず、自由に選べばいいんです。一つの選択肢しかないなんて思いこまないで、柔軟に考えて選択してください。そしてダメだったら、別の選択肢にチャレンジしましょう。

奥原　新しい世界を切り拓いていくためには、個人の自立が何よりも重要です。それに必要なのは、自分の頭で自由に考えることだと思います。

あとがき

高校卒業後、46年たって、同期生ふたりが大放談をした結果が本書です。我々の高校でも、当時、学園紛争の嵐が吹き荒れていたこともあり、自分の頭で徹底して考えるという癖がついてしまったように思います。我々が共通に持つ、タコ壺に対する強い違和感もその頃にルーツがあるのかもしれません。


この対談では、最初に文系理系の区別について取り上げました。

私自身は高校時代、大学の文系理系学部のどちらに進みたいかはっきりしませんでしたし、その後の職業においても、その区別を意識したことはあまりありません。

日本語の文系、理系のニュアンスをもつ英語があるかも疑問です。文系理系の区別を含む、日本社会の様々な場面で起こるラベル付けは、もはや不要だと考えています。

このあとがきは、新型コロナウイルス感染症禍の真最中に書いています。

強いられる行動制限による閉塞感、ウイルスという理解できないものに対する不安、自らの力だけでは解決できないことに起因する不満が社会に渦巻いています。

我々には、これらを乗り越えるための知が最初から与えられている訳ではありません。したがって、自ら考え、試行錯誤しながら、乗り越えていくしかありません。

また、この災禍には、我が国の政治・経済・社会システムに内在する問題点を顕在化させたという面もあります。

これに正面から向き合い、その打開策を考え確実に実行していくことができれば、災い転じて福となすことができるかもしれません。

それには、年齢にかかわらず、それぞれの人がそれぞれの持ち場で、よりしなやかでたくましい個性を発揮していくことが大切です。

知性と感性を磨くための努力をしていくことも必要です。

この放談の中に、そのためのヒントとなる何かを見出していただけるならば、これに勝る喜びはありません。

２０２０年10月

相原博昭

相原博昭 あいはら・ひろあき

1956年生まれ。麻布高校・東京大学理学部卒業。高エネルギー素粒子物理学。米国スタンフォード大学線形加速器研究所での研究で博士号取得後、東京大学理学部助手、米国ローレンスバークレー研究所研究員、東京大学大学院理学系研究科教授、同研究科長・理学部長を経て、2014年から東京大学副学長。著書に『素粒子の物理』（東京大学出版会、2006年）。

奥原正明 おくはら・まさあき

1955年生まれ。麻布高校・東京大学法学部卒業。1979年農林水産省入省。在ドイツ大使館1等書記官、大臣秘書官、食糧庁計画課長、農業協同組合課長、大臣官房秘書課長、水産庁漁政部長、消費・安全局長、経営局長等を経て、2016年6月農林水産事務次官。2018年7月農林水産省を退官。著書に『農政改革─行政官の仕事と責任』（日本経済新聞出版社、2019年）。

日経プレミアシリーズ｜447

文系《ぶんけい》・理系対談《りけいたいだん》 日本《にほん》のタコ壺社会《つぼしゃかい》

二〇二〇年一一月九日　一刷

著者　相原博昭　奥原正明

発行者　白石　賢

発　行　日経BP
日本経済新聞出版本部

発　売　日経BPマーケティング
〒一〇五―八三〇八
東京都港区虎ノ門四―三―一二

装幀　ベターデイズ

組版　マーリンクレイン

印刷・製本　凸版印刷株式会社

ISBN 978-4-532-26447-5　Printed in Japan

日経プレミアシリーズ 428

無駄だらけの社会保障

日本経済新聞社 編

社会保障にまつわる国家支出は年々増え、国民の重い負担になっているが、医療や介護の現場を探ると想像を絶するほど多額の〝無駄遣い〟が生じている。日本経済新聞の調査報道チームが、膨大なデータの独自分析によって日本の社会保障が抱える「病」に切り込む。

日経プレミアシリーズ 430

データでわかる 2030年 地球のすがた

夫馬賢治

頻発する異常気象。食卓から次々と消える魚。島国でも避けられない意外な水リスク。対応迫られる「現代奴隷」問題……データが示すのは、持続可能性に黄信号が灯っている地球の姿だ。先行する欧米の取り組みや企業・機関投資家の動きも含め、日本人が知らない世界のリアルを解説。

日経プレミアシリーズ 431

就職氷河期世代の行く先

下田裕介

「このままでは就職氷河期世代の120万人が高齢貧困に陥りかねない」――〝忘れ去られた若者たち〟はいつしか年を重ね、いまや日本社会にのしかかる重い課題となっている。これから何が起こるか、どうすれば状況を改善できるか、コロナ禍の影響はどうか。自らも氷河期世代のエコノミストが、過去・現在・未来を俯瞰しつつ分析し、不遇の若者を生み出さない社会のしくみを考える。

日経プレミアシリーズ 434

コロナショックと昭和おじさん社会

河合 薫

あっけなく失業する人々、途方にくれる自営業者、困窮するひとり親家庭、家をなくし彷徨う人、孤立する高齢者――コロナ感染拡大で起こった問題は、社会の中でたまっていたひずみが噴出したにすぎない。雇用や家族、人口構成のカタチが変わったにも関わらず昭和モデルをもとに動き続ける日本社会の問題点、そしてコロナ後に起こる大きな変化とは。「日経ビジネス電子版」人気連載を新書化。

日経プレミアシリーズ 438

地形と日本人

金田章裕

私たちは、自然の地形を生かし、改変しながら暮らしてきた。近年頻発する自然災害は、単に地球温暖化や異常気象だけでは説明できない。防災・減災の観点からも、日本人の土地とのつき合い方に学ぶ必要がある。歴史地理学者が、知られざるエピソードとともに紹介する、大災害時代の教養書。

日経プレミアシリーズ 442

肺炎を正しく恐れる

大谷義夫

新型コロナウイルスは社会の姿を一変させた。この状況で重要なのは、この感染症を正しく理解し、正しく恐れること。新型コロナの肺炎は、これまでとは何が違うのか。なぜ一気に悪化するのか。家庭内感染を防ぐには？　ワクチン・治療薬は？　最前線で闘う呼吸器内科医が解説する。

日経プレミアシリーズ443

さよならオフィス

島津　翔

オフィスの存在意義が揺らいでいる。働き方が新型コロナで一変し、「オフィス不要論」も飛び出した。ジョブ型って何？　在宅勤務の労務管理どうしてる？　テレワークって続くの？　専門記者が徹底取材。10の疑問に答えながら「働き方ニューノーマル」を解き明かす。さよならオフィス――。あなたはどこで働きますか？

日経プレミアシリーズ444

絶品・日本の歴史建築［西日本編］

磯　達雄・宮沢　洋

リノベーションの繰り返しで驚異の造形をつくり上げた「桂離宮」、急な断崖に絶妙なバランスで建立され900年も保持される「三仏寺投入堂」、「たかが住居跡」と舐めてかかると度肝を抜かれる「吉野ケ里遺跡」……。西日本に点在する名建築の味わい方を、建築に目の肥えた二名の著者が、文章とイラストで紹介。読めば旅行が楽しくなり、読めば旅行せずとも楽しめます。

日経プレミアシリーズ445

伊勢物語　在原業平　恋と誠

髙樹のぶ子

平安の歌人・在原業平の一代記を日本で初めて小説化した作家が、政から遠ざかり「みやび」に生きた高貴な血筋の男の人間力を、数々の女性との恋や、男たちとの垣根を越えた交誼から解き明かしていく。思うにまかせぬことをも愉しみながら生き抜いた業平の生涯は、時代の転換期を生きる私たちに多くの気づきを与えてくれる。